Harry Holzheu

Wer nicht kommunizieren kann, hat keine Chance

Harry Holzheu

Wer nicht kommunizieren kann, hat keine Chance

Mit Illustrationen von Nico Cadsky

Econ

Der Econ Verlag ist ein Unternehmen der Econ & List Verlagsgruppe

ISBN 3-430-4732-8

5. Auflage 1999
Die 1. bis 4. Auflage erschien unter dem Titel »Natürliche Rhetorik«
© 1991 by Econ Verlag GmbH, Düsseldorf
Alle Rechte an den Illustrationen liegen bei Nico Cadsky, Cannes/
© VG Bild-Kunst, Bonn 1998
Alle Rechte vorbehalten. Printed in Germany
Gesetzt aus der Stone Serif Regular, Satzstudio Fischer, Weimar
Papier: Papierfabrik Schleipen GmbH, Bad Dürkheim
Druck und Bindung: Bercker Graphischer Betrieb GmbH, Kevelaer

Inhaltsverzeichnis

Vorwort des Autors

Wenn der folgende Text der einen Leserin oder dem anderen Leser den Eindruck vermittelt, Rhetorik sei nur etwas für Männer, so will ich diesen Eindruck hiermit korrigieren.

Selbstverständlich gibt es viele hervorragende Rednerinnen, in der Politik wie im Wirtschaftsleben. Die Pra-

xis in den Unternehmungen zeigt allerdings, daß der Frauenanteil im oberen Management (wo die rhetorischen Fähigkeiten am meisten zählen) leider nach wie vor relativ gering ist.

Wenn auch in dieser Anleitung meistens die männliche Form »Redner« verwendet wurde, will ich hier ausdrücklich darauf hinweisen, daß ich die Frauen (Rednerinnen) immer eingeschlossen haben möchte. Und noch mehr: Ich ermuntere jede Frau, sich zur guten Rednerin ausbilden zu lassen. Wir brauchen einen Ausgleich, nicht immer nur Männer sollen uns sagen, was zu tun ist.

Frauen werden bestimmt noch vermehrt in die Chefetagen einziehen, davon bin ich überzeugt.

Dies wiederum ist ein Ansporn für die Männer, sich ebenfalls zu rüsten, damit sie den Anschluß nicht verpassen!

Harry Holzheu

Überzeugen Sie durch Souveränität

Nachdem Sie eine Rede im privaten oder einen Vortrag im geschäftlichen Bereich gehalten haben, werden Sie anschließend von den Zuhörern immer zuerst als Person beurteilt. Der Inhalt ist zwar auch wichtig, kommt aber erst in zweiter Linie. Wichtiger ist der Redner als Persönlichkeit. Er bleibt in dauernder Erinnerung. Was er gesagt hat, wird jedoch bald vergessen.
Rhetorisches Können ist zweideutig. Einerseits kann es heißen, sich klar ausdrücken, seine Zuhörer begeistern, überzeugen und beeinflussen zu können. Andererseits kann es aber auch bedeuten, mit teuflischer, geschliffener Zunge alles, auch Unwahrheiten, ins rechte Licht zu rücken und die Zuhörer zu manipulieren. Vor allem seit Hitler und Goebbels sitzt im Volk eine tiefe Angst: die Angst, irregeleitet und zu unlauteren Taten verführt zu werden.
Wie können Sie Ihre Zuhörer echt überzeugen? Wie vermeiden Sie das Gefühl, zu manipulieren? Rhetorische Perfektion sollten Sie niemals anstreben. Sie schafft Distanz und Ablehnung. Der rhetorisch perfekte Redner erhebt sich auf ein Podest und setzt sich von seinen Zuhörern ab. Je perfekter seine Vortragsweise ist, desto heftiger wird er abgelehnt. Rhetorisch

Abbildung 1: *Wie wirke ich?*

Überzeugend	Ablehnend
Natürliches Verhalten	Künstliches Verhalten
Echtes Verhalten	Angelerntes Verhalten
Spontaneität	Zu starke Selbstkontrolle
Echte Gefühle	Kontrollierte Gefühle
Natürliche Mimik	Einstudierte Mimik
Natürliche Gestik	Einstudierte Gestik
Lockere Körperhaltung	Steife Körperhaltung
Natürliche Bewegung	Fixierung
Normale Sprechweise	Überzogene Sprechweise
Kurze, einfache Sätze	Lange, schöne Sätze
Rhetorisches Fehlverhalten (in kleiner Dosis)	Rhetorisch perfektes Verhalten

perfektes Verhalten erzeugt Ablehnung und Aggressionen. Alles, was künstlich, unecht und angelernt ist, wirkt negativ. Alles, was echt ist, wirkt überzeugend (siehe Abbildung 1). Sie müssen unbedingt zu Ihrer eigenen Persönlichkeit stehen und alles Unechte vermeiden, was nicht zu Ihnen paßt.

Souverän ist, wer zu sich selbst und zu seinen Fehlern steht.

Sogar Fehler in der freien Rede sind erlaubt. Sie bieten dem Zuhörer eine Möglichkeit zur Identifikation. Jeder denkt im stillen: »Das hätte mir auch passieren können!« Perfektes, fehlerfreies Verhalten jedoch erzeugt Ablehnung. Der Redner erhebt sich über die Norm der Mehrheit seiner Zuhörer.

1.1 Bleiben Sie sich selber treu

Spielen Sie keine fremde Rolle, sondern seien Sie immer Sie selbst. Sobald Sie sich verfremden, kommen Sie nicht mehr an. Sie wirken unglaubwürdig.

> **Jeder Mensch hat die Anlagen zu einem Original. Es gibt nur einen einzigen Menschen, der so ist wie Sie. Sie selbst!**

Originale sterben leider aus. Warum? Weil eine Uniformität des Verhaltens überhandgenommen hat. Man benimmt sich so und nicht anders, wenn man eine wichtige Position innehat. Die Berufsrolle prägt eine gewisse Vorgehens- und Verhaltensweise.
Machen Sie da nicht mit. Heben Sie sich bewußt von der Masse ab. Aber wie soll das geschehen?
Sie haben nur eine einzige Chance, sich zu profilieren. Der Weg liegt in der Verwirklichung Ihrer eigenen Persönlichkeit. Seien Sie authentisch!

Verleugnen Sie niemals
Ihre Herkunft.
Sie verleugnen damit
sich selbst!

Verleugnen Sie nichts, was mit Ihnen zu tun hat. Alles, was mit Ihnen zusammenhängt, gehört zu Ihnen! Was Sie ablegen, verwischen und verleugnen, geht Ihnen nachher ab. Sie werden nicht stärker, sondern schwä-

WIR HABEN DOCH ALLE EINMAL KLEIN ANGEFANGEN

cher. Akzeptieren Sie alles, was Sie geprägt hat: Herkunft, Kindheit, Jugend, Elternhaus, Erziehung, Schule, Ausbildung (oder auch fehlende Ausbildung!), Land, Tradition, Geschichte.

Seien Sie skeptisch gegenüber allen Hinweisen und Ratschlägen, die Ihre Person betreffen. Verlassen Sie sich auf Ihr Gefühl. Prüfen Sie solche Hinweise selbst, indem Sie sich mit einer Videokamera aufnehmen und sich anschließend am Bildschirm betrachten. Sie können so entscheiden, ob diese Hinweise für Sie gültig sind. Polieren Sie nicht zu sehr an sich herum. Sonst glänzen Sie nur noch, und man sieht nicht mehr, was für eine Münze Sie sind.

Seien Sie auch skeptisch den Ratschlägen gegenüber, die Sie in Rhetorikbüchern finden. Da wird oft pauschaliert und vereinfacht. Es ist überhaupt sehr riskant, Ratschläge zu geben. Das Wort besagt es ja selbst. Ratschläge sind auch Schläge! Außerdem muß es nicht unbedingt so sein, daß jeder Hinweis auch für Sie zutrifft! Ein pauschaler Ratschlag, der in »einschlägigen« Rhetorikbüchern zu finden ist, kann für Sie durchaus von Nachteil sein.

Natürliche Rhetorik ist immer individuelle Rhetorik. Pauschalierende Ratschläge sind Teil der überholten Rhetorik.

Zuerst verkaufen Sie sich selbst als Redner, bevor man darauf eingeht, was Sie sagen. Das tönt hart und vielleicht etwas unglaubwürdig, ist aber richtig. Ein Redner, der sich schlecht verkauft, kann nicht überzeugen, auch wenn er die besten Argumente vorbringt.

Einer, der beim Publikum ankommt, kann auch mit einer schwächeren Argumentation überzeugen. Er gewinnt die Zuhörer für sich. Man findet ihn äußerst sympathisch, und es fällt deshalb schwer, seine Aussagen nicht zu akzeptieren.

1.2 Souveränität heißt Polarisierung

Je stärker ein Redner in seiner Persönlichkeitswirkung ist, desto stärker polarisiert er. Er wird keine »lauwarmen« Zuhörer mehr haben. Niemand kann unbewegt bleiben, wenn er spricht.

> **Erfolgreiche Menschen sind immer ganz sie selbst. Sie wirken echt und überzeugend und hinterlassen einen nachhaltigen Eindruck.**

Eine starke Persönlichkeit hinterläßt Spuren. Und diese Spuren sind nicht immer nur positiv. Eine eher schwache Persönlichkeit ist ausdruckslos. Sie paßt sich

an. Sie wirkt schwach und unglaubwürdig. Sie hinterläßt nur dünne Spuren, die man leicht auswischen
kann.
Wenn Sie 90 bis 95 % Ihrer Zuhörer für sich gewinnen
und überzeugen können, ist das optimal. Alle können
Sie niemals für sich gewinnen. Es bleiben 5 bis 10 %,
die Sie stark ablehnen. Das ist besser als 100 % »lau-
warme« und gleichgültige Zuhörer!

**Allen Menschen recht
getan, ist eine Kunst,
die niemand kann.**

1.3 Ich-Ideal und Ich-Realität

In der Kindheit und Jugend haben wir Ideale. Jeder
hat seine Idealvorstellungen davon, wie er gerne sein
möchte. Wir orientieren uns an Idolen. Dann kommt
der Zeitpunkt, wo wir unsere eigene Identität ent-
decken. Und dann stellen wir fest, daß wir weit davon
entfernt sind, so zu sein wie unser Idol. Groß ist die
Enttäuschung.
Nehmen Sie sich selbst an, so wie Sie sind. Dies ist
nicht so leicht. Für viele ist es sogar das Kernproblem.
Viele streben ein Ich-Ideal an, das sie nie erreichen
können. Sie haben zu große Wunschvorstellungen von
sich selber und leben diesen Wunschvorstellungen
nach. Entsprechend groß sind die Enttäuschungen, die

sie laufend einstecken müssen. Nicht nur genügen sie selbst keineswegs ihren Wunschvorstellungen, auch die Resultate, die sie erreichen, liegen weit unter ihren Zielvorstellungen. So ist eine Dauerfrustration einprogrammiert. Es ist sofort zu erkennen, wer ein Ich-Ideal (siehe Abbildung 2) anstrebt. Solch ein Mensch verhält sich nicht natürlich. Man merkt sofort, daß er künstlich etwas anstrebt. Er ist nicht authentisch.

> **Wer seine Ich-Realität nicht akzeptiert, entfernt sich immer mehr von einem natürlichen Verhalten. Er wirkt künstlich und unecht. Er lebt an seinem Leben vorbei.**

Um mit anderen Menschen optimal kommunizieren zu können, muß man mit sich selbst im reinen sein. Selbstannahme und Selbstbejahung sind der erste Schritt zur Erhöhung der eigenen Kommunikationsfähigkeit.

Selbstannahme heißt Annahme der Ich-Realität. Um mich selbst anzunehmen, muß ich von meinem Ich-Ideal wegkommen. Selbstbejahung heißt: Ich akzeptiere mich so, wie ich bin. Ich akzeptiere meine Stärken und meine Schwächen. Ich mag mich, weil es mich gibt.

Wenn Sie sich an eigenen Unvollkommenheiten stören, übertragen Sie das auf Ihre Zuhörer. Es stört die Zuhörer, was Sie stört. Ein Seminarteilnehmer, der einen leichten Sprachfehler hat, wurde von mir aufgrund einer Redeübung beurteilt. Meine erste Frage an ihn war: »Sie haben einen kleinen Sprachfehler, stört Sie das?« Er antwortete: »Nein, das stört mich nicht!« Daraufhin sagte ich: »Dann stört es uns auch nicht!« Da sagte er: »Ich weiß das. Ich weiß auch, daß ich klein bin und dick, und das stört mich auch nicht!« Wir mußten alle lachen. Er hat tatsächlich alle diese Unvollkommenheiten, ist aber sehr erfolgreich. Gerade deswegen, weil er sich nicht daran stört.

Sagen Sie ja zu sich, so wie Sie sind. Sagen Sie mit Martin Luther: »Hier stehe ich, ich kann nicht anders!«

1.4 Ich bin so, wie ich auf andere wirke

Wissen Sie eigentlich, wie Sie auf andere Menschen wirken? Wie empfindet man Sie? Wie werden Sie von anderen beurteilt?

Um das herauszubekommen, brauchen Sie Feedback. Dieses Feedback muß aber objektiv sein. Und hier beginnt das Problem. Je höher Sie in der Hierarchie einer Unternehmung stehen, desto weniger objektives Feedback können Sie erwarten. Sie bekommen wenig Lob und wenig Tadel. Wer ist schon kompetent genug, Sie zu loben? Und wer hat den Mut, Sie zu kritisieren? Das Feedback, das eine Führungskraft bekommt, ist immer tendenziell gefärbt

Abbildung 2: *Selbstbild-Fremdbild*

Das ICH-Ideal:
Wunschbild,
Selbstbild.

Wie man sich selbst sieht.
Wie man selbst gerne wäre.
Die idealisierte Vorstellung
von sich selbst.

Die ICH-Realität:
Fremdbild.

So wie man ist. Wie man von anderen
gesehen und erlebt wird. Die Summe
der eigenen körperlichen und
charakterlichen Merkmale, die auf
den anderen urteilsbildend wirken.

Holen Sie sich Feedback von echten Freunden. Freundschaft zeichnet sich unter anderem durch eine gegenseitig erhöhte Kritikfähigkeit aus. Ein echter Freund wird nicht zurückhalten mit objektiven Rückmeldungen. Er wird Ihnen sagen, was ihm an Ihrem Verhalten auffällt. Denn er weiß genau, daß er Ihnen damit einen großen Dienst erweist. Nutzen Sie diese Chance. Treffen Sie mit ein paar echten Freunden eine persönliche Vereinbarung. Geben Sie sich gegenseitig Feedback. Je mehr Feedback Sie den anderen geben, desto mehr erhalten Sie zurück. Achten Sie darauf, daß Sie Ihr Feedback immer in einer konstruktiven Weise formulieren. Es kommt immer auch auf die Verpackung an!

Wer Kinder hat oder mit Kindern zusammen ist, sollte die Gelegenheit unbedingt benutzen, zu Feedback zu kommen! Kinder sind unvoreingenommen. Sie sind offen und ehrlich und teilen sich unaufgefordert mit. Und oft sind sie sehr treffend mit ihren Bemerkungen.

Besuchen Sie ein Rhetorikseminar. Am besten sind öffentliche Seminare, wo Sie mit Leuten zusammenkommen, die sich untereinander nicht kennen. Das ist eine sehr seltene Möglichkeit, zu objektivem Feedback zu kommen.

So wie mich andere empfinden und erleben, so wie ich auf andere wirke, so bin ich.

Sie müssen sich so akzeptieren, wie die anderen Sie sehen. Wie wollen Sie erwarten, von anderen akzeptiert zu werden, wenn Sie sich selbst nicht akzeptieren? Ein Redner, der seine eigene Ich-Realität nicht annimmt und dauernd versucht, sein Ich-Ideal anzustreben (siehe Abbildung 2), wirkt unnatürlich, verspannt und verkrampft. Er wird immer unecht wirken und kommt so bei seinen Zuhörern nicht an.

1.5 Können Sie sich richtig einschätzen?

Ist Ihnen Ihre Persönlichkeitsstruktur bekannt? Welche Eigenschaften glauben Sie zu haben? Viele Menschen leiden an akuter Selbstüberschätzung. Und andere haben Minderwertigkeitsgefühle. In beiden Fällen handelt es sich um Fehleinschätzungen der eigenen Person. Beides ist gefährlich. Eine realistische Einschätzung der eigenen Person ist die Voraussetzung für den Erfolg. Wie wirken Sie als Redner?

In Abbildung 3 sind persönliche Eigenschaften aufgezählt. Kopieren Sie diese Tabelle, und geben Sie sie einer Person, die Sie gut kennt. Sie soll diejenigen Eigenschaften anstreichen, die auf Sie zutreffen.

Machen Sie auch eine Kopie für sich selbst und streichen Sie selbst diejenigen Eigenschaften an, die Ihrer Meinung nach auf Sie zutreffen.

Vergleichen Sie anschließend die beiden Tabellen. Wenn es große Abweichungen gibt, ist das ein Zeichen dafür, daß Sie vielleicht nicht ganz ehrlich mit sich selbst sind. Oder aber Sie schätzen sich selbst falsch ein.

Abbildung 3: *Persönlichkeitsstruktur*

Wie sieht meine Persönlichkeitsstruktur aus?
Ich wirke:

natürlich	offen	frei
zufrieden	entspannt	glücklich
fröhlich	heiter	locker
lustig	strahlend	keck
optimistisch	schelmisch	verschmitzt
schalkhaft		
höflich	freundlich	charmant
sympathisch	aufgeschlossen	einfühlend
sensibel		
bescheiden	brav	ausgeglichen
verhalten	zurückhaltend	nachdenklich
konzentriert	ernst	überlegt
kritisch	skeptisch	streng
ironisch	zynisch	konservativ
derb	bodenständig	
temperamentvoll	dynamisch	unruhig
nervös	angespannt	gestreßt
unsicher	fahrig	unkonzentriert
wortgewandt	schlagfertig	wendig
präzis	klar im Ausdruck	eindeutig
geradlinig	bestimmt	energisch
kraftvoll	stark	autoritär
selbstbewußt	selbstsicher	überheblich
arrogant	engagiert	stabil
entschlossen	zielbewußt	ambitiös
kompetent	souverän	vertrauen- erweckend
pflichtbewußt	zuverlässig	verantwortungs- voll
gewissenhaft		
ruhig	sachlich	bedächtig
geduldig	behäbig	lahm
monoton	fad	

Geben Sie diese Tabelle weiteren Personen zu Ihrer Beurteilung. Es wird Sie höchstwahrscheinlich erstaunen, daß Sie von den meisten Leuten gleich oder zumindest sehr ähnlich eingeschätzt werden. Erst wenn Ihre eigene Einschätzung mit allen anderen übereinstimmt, haben Sie eine realistische Vorstellung von sich selbst und von Ihrer eigenen Wirkung auf andere.

1.6 Halten Sie Ihre Stärken im Griff

Mit den Stärken und Schwächen ist es so eine Sache. Viele versuchen, ihre eigenen Schwächen zu erkennen. Sie gehen dann in sich, versuchen sich zu bessern und fassen gute Vorsätze. Wie lange halten diese Vorsätze an? Nicht lange. Ein solches Vorgehen bringt nichts. Machen Sie es umgekehrt. Versuchen Sie vor allem, Ihre eigenen Stärken zu erkennen. Und nun müssen Sie aber bedenken, daß diese Stärken im Zaun zu halten sind.

Die größte Stärke wird zugleich zur größten Schwäche, wenn sie außer Kontrolle gerät.

Ein gutes Beispiel dafür, daß ein Redner unglaubwürdig wird, wenn er sich zu sehr steigert, war Franz Josef Strauß. Er war ein brillanter Redner, konnte sich bei seinen Reden aber derart in eine Wut hineinversetzen, daß die Zuhörer Angst vor ihm bekamen. Es ist tatsächlich so, daß eine Stärke, wenn sie überbordet und ausartet, zu einer Schwäche wird. Paracelsus sagte: »Es gibt keine Gifte, es ist nur eine Frage der Dosierung.« Die Beispiele in Abbildung 4 zeigen, wie eine Stärke zur Schwäche wird, wenn die Dosierung zu hoch ist:

Abbildung 4: *Wenn die Stärke zur Schwäche wird*

Stärke	Schwäche
dynamisch	hektisch
geduldig	lahm
freundlich	süß
selbstbewußt	überheblich

Werden sie selbstbewußt

Als Redner müssen Sie selbstbewußt sein. Nur so können Sie die Aufmerksamkeit Ihrer Zuhörer wecken und aufrechterhalten. Aber dieses Selbstbewußtsein muß genau definiert werden. Was ist Selbstbewußtsein?

Lassen Sie mich zuerst einmal ausdrücken, was Selbstbewußtsein nicht sein darf: Es gibt Menschen, die glauben, selbstbewußt auftreten könne man nur, wenn man anderen gegenüber völlig unsensibel sei, ohne Beachtung der eigenen Fehler und Schwächen. Diese Art des Selbstbewußtseins hat die Grenzen des Wachstums erreicht. Selbstbewußtsein *ist nicht Mangel an Sensibilität*. Es ist auch *nicht Egoismus oder übertriebene Autorität*. Ich meine ein ganz anderes Selbstbewußtsein: das Selbstbewußtsein des souveränen Redners, der abgeklärt und in sich ruhend wirkt (siehe Abbildung 5). Es ist der Redner, der eine natürliche Ausstrahlung hat.

Abbildung 5: *Selbstbewußtsein*

Selbstbewußtsein ist:

1 sich seiner Stärken und Schwächen bewußt sein

2 sich seines Einflusses auf andere bewußt sein

3 sich seiner selbst und seiner Stellung in der Welt bewußt sein

2.1 Setzen Sie sich emotionale Ziele

Selbstverständlich muß Ihre Rede sachliche Ziele haben und mit Argumenten überzeugen. Darauf komme ich später zurück. Aber neben diesen rationalen Zielen sollten Sie sich unbedingt überlegen, wie Sie mit den Gefühlen umgehen wollen. Denn Gefühle sind wichtiger als Fakten!

Was Sie selbst fühlen, werden Sie als Redner auch vermitteln. Fühlen Sie sich selbst unsicher, so fühlen das auch alle Zuhörer. Sind Sie nicht überzeugt von dem, was Sie vortragen, können Sie niemals erwarten, Ihre Zuhörer zu überzeugen, denn diese spüren sofort Ihren eigenen Mangel an Überzeugung.

Ein großer Teil des Erfolges Ihrer Reden macht Ihre eigene Überzeugung aus.

> **Wenn Sie voll und ganz
> an das glauben,
> was Sie vortragen,
> ist der Erfolg
> schon zu neunzig Prozent
> gewährleistet.**

Wenn Sie selbst völlig überzeugt sind, daß das, was Sie sagen wollen, wichtig ist, dann sind es die Zuhörer auch.

Wenn Sie aber anstreben, der perfekte Redner zu sein, dann überträgt sich auch dieses Gefühl. Dies ist jedoch kontraproduktiv für jeden Redner. Ein Redner, der nach rhetorischer Perfektion trachtet, vermittelt den Eindruck eines Musterschülers. Er erhebt sich über die Norm der Zuhörer und stellt sich auf ein Podest. Rhetorische Perfektion erzeugt Ablehnung. Der souveräne Redner zeigt Mut zu Fehlleistungen. Der rhetorisch perfekte Redner ist im Grunde genommen der schlechteste Redner. Warum? Weil er nur ein einziges Thema hat: nämlich ein perfekter Redner zu sein. Alles andere, auch seine Botschaft, geht unter. Die Zuhörer werden aggressiv und tun alles, um einen solchen Redner in der Luft zu zerreißen!

In diesem Punkt gehe ich mit der Auffassung der klassischen Rhetorik nicht konform. Nach meiner Überzeugung sind gewisse Ansichten völlig überholt. Zu oft habe ich »perfekten« Rednern zugehört und die Wut gespürt, die sich langsam in mir aufgebaut hat. Immer wenn ein »guter Rhetoriker« längere Zeit einen Vortrag hielt, hätte ich mich am liebsten abgewandt. Selbst wenn ich einverstanden war mit dem, was er sagte – ich wurde zornig auf ihn als Person. Ich wartete nur darauf, daß er einmal einen Fehler machte. Aber dazu kam es kaum jemals. Leider! Es gibt Redner, die ich nicht leiden kann. Wenn ich sie am Fernsehen erlebe, mache ich das Bild dunkel und höre mir nur noch an, was sie zu sagen haben. Ihre Reden sind meistens perfekt aufgebaut. Ihre Argumentation ist brillant. So fällt es mir leichter, ihnen zuzuhören. Aber als Redner kann ich sie nicht ertragen. Ihr fehlerfreies, rhetorisch perfektes Verhalten erzeugt in mir eine tiefe innere Ablehnung. Die negative Ausstrahlung zerstört ihre Botschaft. Besser wäre es nachzulesen, was sie zu sagen haben. Dann wäre die negative Persönlichkeitswirkung wenigstens ganz ausgeschaltet.

> **Fehler in der freien Rede sind erlaubt. Sie bieten dem Zuhörer eine Basis der Identifikation mit dem Sprechenden.**

Wenn Sie große Angst davor haben, in einer Rede Fehler zu machen, dann ändern Sie Ihre Einstellung! Versuchen Sie, Fehler als willkommene, emotionale Brücken zu den Zuhörern zu sehen. Ihr wichtigstes emotionales Ziel muß sein, sich echt und ehrlich um die Gunst einer jeden Zuhörerin, eines jeden Zuhörers zu bewerben.

Um es klar auszudrücken: Wir befinden uns im Kontext der Überzeugungsrede. Wenn Sie irgendwo auftreten, wo viele Feinde und negativ eingestellte Zuhörer im Saal sind, beispielsweise wenn Sie politisch tätig sind, kann dies kein realistisches Ziel sein. Bei Streitgesprächen, wo man um jedes Wort kämpfen muß, wo man auch die unfaire Dialektik anwendet, geht es nicht darum, die anderen Redner für sich zu gewinnen und zu überzeugen. Man arbeitet »für die Galerie«. Man versucht, bei den neutralen Zuhörern möglichst viele für sich zu gewinnen. Da ist auch viel Show und Zynismus dabei. »Ich würde ja nie im Leben behaupten, daß Herr Meier ein Alkoholiker ist, so etwas würde mir nie im Traum einfallen!« Ohne es gesagt zu haben, hat man es eben gesagt. Die Spielregeln für solche Auftritte sind ganz andere.

Für Ihre Überzeugungsrede müssen Sie sich vorher mit den Zuhörern innerlich auseinandersetzen (siehe »Zielgruppenanalyse« in Abbildung 12). Das wichtigste für mich ist, daß Sie versuchen, eine positive Einstellung zu den Zuhörern zu finden, sie zu mögen.

Wenn Sie sich ehrlich bemühen, Ihre Zuhörer zu mögen, dann haben Sie eine große Chance, daß auch die Zuhörer Sie als Redner mögen. Und damit haben Sie schon gewonnen! Ihr wichtigstes emotionales Ziel muß sein:

»Ich bemühe mich echt und ehrlich um die Gunst eines jeden Zuhörers. Ich mache keine Unterschiede. Ich versuche, echte Sympathie für jede Person zu empfinden, die sich im Saal befindet. Ich gebe mich allen ganz.«

Es ist unmöglich, jemanden nachdrücklich zu überzeugen, den man von vorneherein nicht mag. Fast noch schlimmer ist es, wenn sich ein Redner für seine Zuhörer überhaupt nicht interessiert. Viele Redner lesen ihr vorbereitetes Manuskript ab und blicken kaum in den Saal. Hier werden wahrscheinlich die größten Fehler gemacht.

Redner, die ihre Zuhörer kaum beachten, haben schon nach kurzer Zeit ihre Chancen verscherzt, die Zuhörer zu überzeugen. Die Zuhörer empfinden dies als Mangel an Zuwendung und Interesse.

> **Es ist eine der härtesten Strafen für den Menschen, von anderen ignoriert zu werden.**

Wenn Sie sich immer das emotionale Ziel setzen, sich wirklich um die Gunst aller Ihrer Zuhörer echt zu bemühen, empfinden Ihre Zuhörer das als starkes, inneres Engagement, Wohlwollen, Respekt und Interesse. Dann ist Ihnen der Erfolg schon fast sicher.

2.2 Selbstbewußte Redner haben Lampenfieber

Diese Aussage wirkt auf Sie vielleicht etwas komisch. Lampenfieber ist doch eine Schwäche! Und selbstbewußte Menschen haben doch kein Lampenfieber. Sie sind doch starke Persönlichkeiten!

In diesem Punkt unterscheide ich mich von vielen Kolleginnen und Kollegen. Von einigen werde ich sogar ausgelacht, wenn sie feststellen, daß mein Lampenfieber vor einem Auftritt sehr groß ist. Sie sagen mir, daß sie nach langjähriger Erfahrung bei öffentlichen Auftritten praktisch kein Lampenfieber mehr haben. Sie verstehen aber auch nicht, warum sie keinen großen Erfolg mit ihren Referaten haben. Sie sehen nicht den Zusammenhang zwischen Lampenfieber und Erfolg. Sie empfinden Lampenfieber als unerwünschte Schwäche. So etwas bekämpft man, oder man verdrängt es. Und damit ist der Redner bereits auf dem Abstieg. Warum?

Wer sein Lampenfieber verdrängt, programmiert seinen Mißerfolg gewissermaßen vor. Das kann man psychologisch genau begründen. Lampenfieber ist eine besondere Form von Angst. Um Ängste zu über-

winden, muß man sie akzeptieren. Sie zu verdrängen ist sehr gefährlich. Sie sind dann zwar momentan nicht mehr so offensichtlich, aber latent bestehen sie weiter. Man hat sie ins Unterbewußtsein (das Unbewußte) verdrängt. Und dort schwelen und lauern sie. Plötzlich steigen sie dann verstärkt wieder hoch, meistens im ungünstigsten Moment. Ich habe schon erlebt, daß ein Redner einige Minuten, nachdem er begonnen hatte, plötzlich anfing zu stocken und sein Referat abbrechen mußte.

Wenn Sie selbstbewußt sind, dann sind Sie sich Ihrer selbst bewußt. Und dann sind Sie sich auch immer bewußt, daß Sie eine leise Angst haben, bevor Sie eine Höchstleistung vollbringen müssen. Das Lampenfieber setzt sich aus den folgenden Ängsten zusammen:

- Angst vor Fremden
- Angst vor einer Gruppe (je größer die Gruppe, desto größer die Angst)
- Angst, beurteilt und eventuell abgelehnt zu werden (Angst vor Kritik)
- Angst, dem Nichts in der eigenen Person zu begegnen (Angst, steckenzubleiben)
- Angst, mit der Situation nicht fertig zu werden
- Angst, daß Minderwertigkeitskomplexe auch von anderen erkannt werden (Angst, sich zu blamieren)
- Angst vor dem Unbekannten (Streß)

Lampenfieber löst übrigens einen biologischen Prozeß aus, der Sie zu Höchstleistungen befähigt. Es ist ähnlich wie bei Todesangst, da kann ein Mensch schneller rennen und größere Sprünge machen als sonst. Die sofortige Ausschüttung des Hormons Adrenalin in die Blutbahn – aufgrund dieser Ängste – wirkt wie eine Droge. Aber im Gegensatz zu echten Drogen ist sie völlig harmlos. Erkennen Sie jetzt, daß das Lampenfieber zu akzeptieren ein Zeichen von Selbstbewußtsein ist?

Sie müssen als Redner keine Angst vor Lampenfieber haben. Lampenfieber ist die natürlichste Sache der Welt.

Schlecht ist es natürlich, wenn das Lampenfieber allzu stark wird, dann kann es auch lähmend wirken. Wie bei allen anderen Anstrengungen gilt es, vorbereitende Maßnahmen zu treffen. So können Sie Ihr Lampenfieber richtig dosieren:

- Bereiten Sie sich mit Zeit und Ruhe auf einen Vortrag vor.
- Setzen Sie sich innerlich mit den Zuhörern auseinander.
- Besprechen Sie vorher Ihren Vortrag mit Freunden.
- Halten Sie sich körperlich fit, schlafen Sie genug.
- Schauen Sie sich, wenn möglich, den Saal am Tag vorher an.

Jeder Schauspieler kann bestätigen, wie es mit dem Lampenfieber abläuft: Je stärker das Lampenfieber vorher war, desto wohler fühlt man sich, sobald man begonnen hat. Nach den ersten paar Worten ist das Lampenfieber wie weggeblasen und kommt nicht wieder.

Wie nehmen übrigens die Zuhörer einen Redner auf, der am Anfang Lampenfieber ausstrahlt? Empfinden sie dies als negativ? Entgegen der bisherigen Ansicht vieler Redner wird Lampenfieber nicht als Schwäche empfunden. Im Gegenteil, es geschieht etwas ganz anderes. Der Redner, der zu Beginn seines Vortrages Lampenfieber ausstrahlt, appelliert unbewußt an die Hilfsbereitschaft seiner Zuhörer. Ein psychologischer Prozeß kommt in Gang, immer der gleiche: Der von Lampenfieber geplagte Redner wird getragen vom Wohlwollen seiner Zuhörer, bevor er überhaupt mit

der Rede angefangen hat. Er erhält viel Kraft von den Zuhörern. Diese Kraft sorgt dafür, daß sein Lampenfieber abgebaut wird.

Lampenfieber ist eine Form von Engagement. Es ist das Beste, was einem Redner passieren kann.

2.3 Als selbstbewußter Redner haben Sie Ansprüche

Für einen Vortrag sind gewisse Rahmenbedingungen erforderlich, sonst wirkt er nicht optimal. Falls diese Voraussetzungen nicht alle bereits erfüllt sind, müssen Sie diese fordern.

2.3.1 Ihr Anspruch auf Ankündigung und Vorstellung

Wenn Sie als Redner bei einer Veranstaltung auftreten, wird es sicherlich ein Programm geben, in welchem alle Vortragenden aufgeführt sind und welches auch über die verschiedenen Themen informiert.

Trotzdem haben Sie ein Recht darauf, vorgestellt zu werden. Peinlich ist es, wenn Sie das selber tun müssen. Was wollen Sie schon über sich selbst erzählen? Es fällt einem sehr schwer, sich öffentlich vorzustellen.

Man kann sich ja auch selbst nicht so gut loben! Bereiten Sie ein Blatt Papier vor, auf dem Sie Angaben über Ihre Person und über das von Ihnen besprochene Thema machen. Händigen Sie dieses Blatt der Person aus, die Sie ankündigt. Geben Sie einige Angaben über:

- Ihre Herkunft
- Ihre Ausbildung
- Ihre speziellen Kenntnisse
- Ihre speziellen Leistungen
- Ihre Verbindungen zum Thema und
- eventuell einige Angaben über Sie als Privatperson

2.3.2 Ihr Anspruch auf Ruhe im Saal während des Vortrages

Während Ihres Referates sollte man Sie nicht unterbrechen. Sie haben ein Recht darauf, Ihren Vortrag ungehindert zu Ende zu führen (es sei denn, Sie überziehen zeitlich oder provozieren die Zuhörer zu sehr!). Wenn man Sie mit Zwischenrufen belästigt, sollten Sie nicht darauf eingehen. Ignorieren Sie Zwischenrufe. Damit appellieren Sie an die gute Erziehung des Publikums, und die Belästigungen werden meistens nachlassen. Bei der Überzeugungsrede sind Zwischenrufe nicht üblich. Schon aus Anstand und Höflichkeit wird man Sie nicht unterbrechen. Anders ist es bei politischen Versammlungen. Da müssen Sie mit Zwischenrufen rechnen. Sollte Ihr Ignorieren der Zwischenrufe nicht helfen, müssen Sie eben damit leben. Aber es ist sehr lästig und hinderlich (übrigens auch für die Zuhörer!). Auf Zwischenrufe einzugehen erfordert große Schlagfertigkeit und Spontaneität. Wenn Sie darin wenig Übung haben, laufen Sie Gefahr, aus dem Konzept zu geraten (was ein Zwischenrufer oft auch beabsichtigt).

Andere Unterbrechungen sind ebenfalls lästig. Aber man muß immer damit rechnen, daß etwas Unvorhergesehenes passiert. Es kann jemand in den Saal kommen und irgend etwas suchen. Oder es wird jemand namentlich ans Telefon gerufen (das halte ich übrigens für äußerst unanständig!). Oder es gibt eine technische Panne an irgendeinem Gerät oder an der Beleuchtung. Da haben Sie keine andere Möglichkeit, als zu warten, bis wieder Ruhe im Saal eingekehrt ist, bevor Sie weiterreden. Denn alles, was Sie sagen, während irgend jemand an irgend etwas herumfummelt, geht verloren! Der selbstbewußte Redner redet nur, wenn alle zuhören!

2.3.3 Ihr Anspruch auf ein Glas Wasser

Es kommt oft vor, daß infolge des Lampenfiebers und der Anstrengung beim Reden Mund und Kehle austrocknen. Das kann sehr peinlich sein. Sorgen Sie dafür, daß man Ihnen vor Beginn Ihres Vortrages ein Glas mit genügend Wasser oder Mineralwasser bereitstellt.

2.3.4 Ihr Anspruch auf Verabschiedung

Wenn Sie Ihren Vortrag zu Ende geführt haben, sollte Ihnen jemand dafür danken. Geschieht dies nicht, wird das als Mangel, ja sogar als Unhöflichkeit und

Undankbarkeit empfunden. Jeder Redner hat das Recht darauf, ein Wort des Dankeschöns zu bekommen. Es gehört zum guten Ton. Es ist Ihr Anspruch. Bei innerbetrieblichen Veranstaltungen, die Sie selbst organisieren, müssen Sie jemanden mitnehmen, der als Moderator amtiert. Er soll die Veranstaltung ankündigen und abschließen. Er soll Sie – und eventuell weitere Vortragende – ankündigen und verabschieden.

Es empfiehlt sich sehr, bei der Ankündigung eines Referates jeweils vorher auf eine Möglichkeit der Fragestellung und Diskussion nach dem Referat hinzuweisen. Das Referat soll allerdings abgeschlossen und verdankt werden, bevor man zur Diskussion übergeht (sonst gibt es keinen Applaus, und das wäre sehr schade!).

Ihre natürliche Körpersprache

Die Körpersprache ist viel älter als die gesprochene
Sprache. Lange bevor wir im Laufe des Evolutionspro-
zeßes reden lernten, verständigten wir uns mit Zeichen
des Körpers. Diese Zeichen sind uns in Fleisch und Blut
übergegangen. Sie werden unbewußt ausgesandt und
unbewußt wahrgenommen.
Nach C. G. Jung ist in unserem »kollektiven Unbewuß-
ten« seit langer Zeit eingraviert oder einprogrammiert,
was diese Zeichen bedeuten. Unser Verstand weiß gar
nicht, was vorgeht, wenn Körpersprachsignale ausgesen-
det, wahrgenommen und interpretiert werden. Demzufolge ist es unmöglich, die Körpersprache zu kontrollieren. Es ist deshalb auch kaum möglich, andere
Menschen mit der Körpersprache zu manipulieren.

3.1 Der Körper kann nicht lügen

Unsere innere Einstellung, unsere Gefühle, unsere
momentane Verfassung, alles senden wir durch unse-
ren Körper an andere Menschen. Und diese nehmen
das unbewußt wahr und interpretieren es – auch unbewußt – meist richtig. Deshalb kann der Körper nicht

lügen. Mimik und Gestik kann man einstudieren. Aber das wirkt unnatürlich und verfremdet die Botschaft. Aufgesetzte Mimik und gewisse eingeübte Gesten können sogar grotesk und lächerlich wirken, weil sie gar nicht zur Persönlichkeit des Vortragenden passen. Es ist nur plausibel, daß die einzige zulässige Körpersprache die natürliche Körpersprache ist. Alles andere wirkt unnatürlich und verfremdet die Ausstrahlung der Persönlichkeit.

> **Wenn Sie die richtige
> Einstellung und
> die richtige innere
> Verfassung haben,
> senden Sie automatisch
> entsprechende
> Körpersprachsignale
> aus.**

Oder anders ausgedrückt: Wenn Sie wirklich *meinen,* was Sie sagen, und *selbst daran glauben,* dann sendet Ihr Körper zusätzlich verstärkende Signale aus. Die Zuhörer – und Zuschauer – vergleichen Ihre Körpersprachsignale laufend mit Ihren Aussagen. Das geschieht meist ganz unbewußt. Solange Übereinstimmung zwischen Körpersprache und verbaler Sprache (dem Inhalt) besteht, ist Glaubwürdigkeit gegeben. Sobald die Körpersprachsignale nicht mehr mit der verbalen Botschaft übereinstimmen, wird Ihre Botschaft sofort angezweifelt. Sie haben keine Chance, Ihr Körper verrät Sie immer!

3.2 Schauen Sie zu, daß Sie sich wohl fühlen

Beobachten Sie sich in Ihrer privaten Umgebung, ob Sie eher kontaktfreudig oder distanziert sind. Das berichtet Ihnen nämlich Ihr Körper. Wenn Sie eher distanziert sind, nehmen Sie körperlich mehr Abstand zu anderen Personen ein. Wenn Sie dann die von Ihnen gewünschte natürliche Distanz unterschreiten, signalisiert Ihr Körper, daß er mehr Distanz will. Und zwar spricht Ihr Körper von Ihren Füßen aufwärts, von der Atmung und der Stimme bis zur Spannung Ihrer Augen. Man merkt vor allem Ihren Augen an, daß Sie sich nicht mehr wohl fühlen. Sie nehmen die Zuhörer nicht richtig wahr Sie sehen die Zuhörer und sehen sie doch nicht. Sie beobachten eigentlich sich selbst und wollen Ihre Schutzzone verteidigen, die unterschritten wurde. Ihr Körper baut Spannung auf. Ihre Atmung wird flach. Ihre Bauchdecke verspannt sich. Die Augen wirken angestrengt. Ihre Stimme wird lauter, als sie dem Raum angemessen ist. Damit sagt ihre Stimme: Ich brauche mehr Raum, mehr Abstand zu den anderen!

So können Sie niemanden überzeugen. Sie wirken derart verspannt, daß es für alle Anwesenden unangenehm und peinlich wird. Sie müssen sich unbedingt entspannen. Aber wie?

Verschaffen Sie sich eine Mindestdistanz von zwei Metern zur ersten Zuhörerreihe (gesellschaftliche Distanz). So fühlen Sie sich bereits wohler.

Verzichten Sie zu Beginn Ihres Vortrages nicht auf ein Pult oder auf einen Tisch. Diese haben eine gewisse Barrierewirkung und schützen Sie ein wenig. Ein kleiner Trick sei genannt für den Fall, daß Sie sich sehr schlecht fühlen vor Ihrem Publikum: Stellen Sie sich hinter das Pult, verschränken Sie Ihre Arme und drücken Sie sie gegen Ihren Bauch und das Zwerchfell. Drücken Sie Ihren Bauch fest heraus gegen Ihre Arme, und atmen Sie dabei ganz tief ein. Verschränken Sie

Ihre Arme so, daß die linke Hand verdeckt ist. Drehen Sie sich leicht nach links, damit Ihre rechte Körperseite nach vorne gerichtet ist. Probieren Sie es aus, Sie werden erleben, daß Sie sich bald wohler fühlen und frei werden von Angst und Beklemmung. Über Ihren Körper führen Sie sich in eine Situation, die Sie etwas schützt.

Wenn Sie Lust haben, sich zu bewegen, dann bewegen Sie sich. Zwingen Sie sich niemals, ruhig stehenzubleiben. Ignorieren Sie alle Ratschläge der klassischen Rhetorik, die Sie belehren, sich ruhig und steif hinzustellen. Diese Ratschläge sind längst überholt. Tun Sie immer genau das, wozu Sie Lust haben.

Apropos stehen: Stehen Sie lieber auf beiden Beinen. Wenn Sie Ihr Körpergewicht fortlaufend von einem Bein auf das andere verlagern, bewegt sich Ihr Oberkörper unruhig hin und her. Versuchen Sie, die Kraft der Erde durch Ihre beiden Füße zu spüren. Wenn Ihnen das gelingt, stehen Sie richtig und fühlen sich sicherer.

3.3 Lassen Sie Ihre Hände frei agieren

Meistens haben Ihre Hände etwas zu tun. Entweder blättern Sie eine Seite Ihres Manuskriptes um oder legen eine Folie auf. Lassen Sie dazwischen Ihre Hände frei. Denn Ihre Hände sind Sprechwerkzeuge, sie wollen reden. Fixieren Sie Ihre Hände nicht, weder vor noch hinter Ihrem Körper. Denn sonst fängt Ihr Körper an, unvorteilhafte Drehbewegungen zu machen (weil die Hände nicht reden können, redet der Körper).

> **Lassen Sie Ihre Hände das machen, was sie wollen! Denken Sie niemals an Ihre Hände! So entwickelt sich eine ganz natürliche Gestik, entsprechend Ihrem Temperament. Gestik ist der verlängerte Arm Ihrer Persönlichkeit.**

Jeder Versuch, Ihre Gestik zu kontrollieren oder eine Ihnen nicht gemäße Gestik gezielt einzusetzen, bleibt Ihrem Publikum nicht verborgen. Wenn Sie versuchen, ausdrucksstark mit Gestik auf das Publikum einzuwirken, führen Sie die Zuschauer weg vom Thema.

Lassen Sie alle Ihre spontanen Gesten einfach geschehen. Sie gehören zu Ihnen. Unterdrücken Sie nichts. Lassen Sie sich aber auch nichts aufdrängen. Lassen Sie einfach alles mit Ihnen geschehen. Alles agiert dann von sich aus und paßt zu Ihnen.

Wissen Sie übrigens, wie man natürliche Gestik von unnatürlicher Gestik unterscheiden kann? Die natürliche kommt vor dem Wort. Achten Sie bei anderen Vortragenden darauf. Sie werden sofort feststellen, daß, je früher jemand vor dem Sprechen Gestik zeigt, desto wohler fühlt er sich und desto natürlicher und überzeugender er wirkt.

Noch etwas Wichtiges: Wenn Sie zum Zeigen einen Zeigestab oder zum Zeichnen und Schreiben einen Stift benötigen, dann legen Sie ihn bitte sofort wieder weg! Wer längere Zeit mit solchen Geräten herumfuchtelt, wirkt dozentenhaft, belehrend und unvorteilhaft. Ihre Finger müssen frei sein, damit Ihre Hand auf natürliche Weise sprechen kann.

3.4 Halten Sie Augenkontakt mit den Zuhörern

Augenkontakt ist die Brücke, über die jegliche zwischenmenschliche Kommunikation läuft. Wenn kein Augenkontakt besteht, kommt auch keine echte Kommunikation zustande. Als Konsequenz sollte das Ablesen eines vorgefertigten Manuskriptes mit ausformulierten Sätzen unterlassen werden.

Abbildung 6: *Die drei Stufen der rhetorischen Steigerung*

Steigern Sie sich:

1 Du kannst über ein Thema sprechen.

2 Du kannst zu den Leuten sprechen.

3 Du kannst mit den Leuten sprechen.

Wichtige Passagen, bei denen es wirklich auf jedes Wort ankommt, müssen selbstverständlich ausformuliert auf dem Manuskript stehen (und wenn möglich auf einer Folie gezeigt werden). Im übrigen dürfen auf dem Manuskript aber nur Stichwörter stehen. So sind Sie zum freien Formulieren gezwungen. Und freies Formulieren ist hundertmal stärker als Ablesen ausformulierter Sätze! Warum?
Weil das Ablesen ganzer Sätze einen starken Zwang zur perfekten Wiedergabe auslöst. Sie kleben dann

zwangsläufig am Manuskript und können mit nie-
mandem im Saal einen richtigen Kontakt aufneh-
men. Leider machen die meisten Vortragenden genau
diesen Fehler!
Eine abgelesene Rede ist keine Rede, sondern eine Lese!
So können Sie niemanden bewegen. Beachten Sie die
Möglichkeiten der rhetorischen Steigerung (siehe
Abbildung 6).

3.5 Geben Sie Ihren Zuhörern Zuwendung

Ein Redner, der seine Zuhörer ignoriert, bestraft sie
aufs härteste! Er muß sich dann nicht wundern, wenn
er selbst bestraft wird. Die Zuhörer bestrafen ihn mit
Unaufmerksamkeit und Ignoranz. Außerdem werden
sie leicht aggressiv.

Nur auf der Basis der nonverbalen Zuwendung wird ein Vortrag zum Erfolg. Verbal sind Sie im Kontext des Monologes. Sie reden und man hört Ihnen zu, ohne Sie zu unterbrechen. Aber nonverbal müssen Sie von Anfang an den Dialog suchen und ihn unbedingt aufrechterhalten.

Suchen Sie sich am Anfang Ihres Vortrages einen »Freund«. Schauen Sie sich im Saal um, wer Ihnen bereits signalisiert, daß er gerne hier ist, wer Ihnen bereits moralische Unterstützung gibt, noch bevor Sie angefangen haben. Ich hoffe, Sie finden wenigstens eine solche Person! Dies ist sehr wichtig. Wenn Sie ganz sicher sein wollen, dann nehmen Sie so eine Person mit! Sie hat die einzige Aufgabe, Ihnen während Ihres ganzen Vortrages moralische Unterstützung zu geben, Ihnen zuzunicken, Sie stark zu machen! (Das ist übrigens die Praxis von vielen Profis.)

Fangen Sie Ihren Vortrag an, und schauen Sie am Anfang nur diesen einen Freund an. Sprechen Sie mindestens drei bis vier Sätze, und achten Sie darauf, ob er Ihnen eine positive, nonverbale Rückmeldung gibt. Erst wenn diese erfolgt ist – und meistens kommt sie sehr bald –, schauen Sie sich im Saal umher nach einem zweiten »Freund«. Jetzt wechseln Sie ab, von einem zum anderen, und nehmen fortwährend ihre positiven, nonverbalen Rückmeldungen auf. Das macht Sie stark. Besonders am Anfang ist dies sehr wichtig für Sie. Dann suchen Sie eine dritte und vierte »Freundin«, einen fünften »Freund«. Diese sollten etwas im Saal verteilt sein.

Schauen Sie niemals über die Köpfe der Zuschauer hinweg. Das wirkt pastoral. Sie heben sich ab und verlieren sofort an Wirkung. Reden Sie immer nur mit einer Person. Ganz hinten im Saal ist es auch immer nur eine Person. Wenigstens entsteht dieses Gefühl. Ich habe das mit über 1000 Zuhörern ausprobiert, und es funktioniert! Langsam weiten Sie Ihren »Freundeskreis« aus, bis fast alle Ihre Freunde sind!

Reden Sie immer nur mit einer Person auf einmal! Holen Sie eine Quittung von ihr ein, bevor Sie jemanden anderen anschauen. So sammeln Sie laufend positive Rückmeldungen. Das gibt Ihnen Kraft. Sie brauchen viel Kraft, wenn Sie reden. Die Kraft kommt von den Zuhörern, die Ihnen nonverbal ihre Zustimmung signalisieren.

3.6 Denken Sie beim Sprechen

Während Sie jemanden anschauen, der Ihnen positive nonverbale Rückmeldungen sendet, können Sie sehr gut denken. Sie können sogar besser denken, als wenn Sie niemanden anschauen.

Viele Redner schauen zu Boden oder an die Decke, um
ihre Inspirationen zu finden. Von dort kommt nichts.
Es kommt alles von den Zuhörern. Zugegeben, wenn
einer böse dreinschaut, kann man nicht mehr denken,
wenn man ihn anschaut. Aber positive Gesichter
erhöhen Ihre Gedankenkraft erheblich. Ich kann nie
so gut denken wie während eines Vortrages. Da kommen mir – außer den vorbereiteten Aussagen – sehr oft
weitere, wichtige Gedanken und Erkenntnisse, die ich
dann oft auch ausspreche.

Konzentrieren Sie sich nicht aufs Reden, sondern aufs Vorausdenken! Es redet nämlich dann ganz von alleine! Denken Sie einfach voraus, wenden Sie sich den einzelnen positiven Zuhörern zu, und lassen Sie es einfach reden. Es redet dann schon! Wenn Sie mit Folien und mit dem Overheadprojektor oder Laptop arbeiten, sollten Sie unbedingt ab und zu – während längerer Zeit – das Gerät ausschalten. Sonst kann dieser hier geschilderte Prozeß nicht stattfinden. Die Zuhörer sind dann immer etwas abgelenkt und können mit Ihnen nicht mehr richtig kommunizieren. Sie können nicht die ganze Gruppe auf einmal überzeugen, sondern immer nur einen nach dem anderen. Dazu brauchen Sie den nonverbalen Dialog.

3.7 Stellen Sie sich Bilder vor

Wir wissen noch nicht, was alles geschieht, wenn wir reden und uns andere Menschen zuhören. Neben der rein akustischen Übermittlung von Wörtern und Sätzen gibt es bestimmt noch vieles mehr, was sich übermittelt. Gefühle übertragen sich. Die Körpersprache des Redners verrät seine innere Einstellung und seine Gefühle. Dazu kommt etwas, was ich selbst immer wieder erlebe: Bilder übertragen sich.
Ich erfahre oft in Intensivseminaren oder Einzelcoachings, daß das so ist. Wenn ein Redner sagt: »Wir waren auf dem Schiff und es kam Sturm auf, das Schiff begann bedrohlich zu schwanken ...« und ich das besonders intensiv erlebe, frage ich immer: »Hatten Sie

das innere Bild dieser Szene, als Sie das sagten?« Die Antwort ist immer: »Ja!«

Ich gehe davon aus, daß man sehr viel überzeugender, stärker und kraftvoller wirkt, wenn man etwas ausspricht, das man sich vorher bildhaft vorstellt.

Sie können alles, was Sie sagen, vorher bildhaft sehen. Wenn Sie z. B. sagen: »Diese Maschine ist einfach zu bedienen!«, dann stellen Sie sich jemanden vor, der an der Maschine sitzt, sie bedient, und alles geht leicht und spielerisch. Und dann erst reden Sie.

Machen Sie das konsequent immer. Stellen Sie sich immer erst das Bild vor, bevor Sie reden. Sie werden sehr viel kraftvoller wirken.

Setzen Sie Ihre Gefühle ein

Die Gefühle werden oft vernachlässigt. Man konzentriert sich zu sehr auf die Fakten. Wir meinen, daß präzise, überprüfbare und beweisbare Aussagen die Hauptsache sind. Wenn aber zugleich die Gefühle nicht auch angesprochen werden, verpuffen die besten Argumente. Gefühle sind natürlich. Rationale Argumente wirken oft unnatürlich.

Letztlich gewinnt nicht etwa der, der auf der Ebene der verbalen Kommunikation siegt, sondern der, der auf der emotionalen überzeugt. Jemanden verbal zu überreden wäre ein Scheinsieg. Es gibt Menschen, die eine Fülle solcher Siege erringen und doch nahezu jeden »Krieg« verlieren.

(Prof. Rupert Lay)

4.1 Die zwei Kommunikationsebenen

Die emotionale Ebene ist genauso wichtig wie die rationale. Sie müssen als Redner versuchen, zu Ihren Zuhörern eine emotionale Bindung herzustellen. Das können Sie nur, indem Sie bei Ihren Zuhörern Gefühle ansprechen und diese auch beim Namen nennen (siehe Abbildung 7).

Auf der rationalen Ebene müssen Sie hieb- und stichfeste Informationen liefern. Sie müssen glaubwürdige Argumente, Fakten und Beispiele anführen. Wer redet, muß etwas zu sagen haben. Wer nichts zu sagen hat, redet besser nicht!

Wenn Sie mit Ihren Zuhörern eine emotionale Verbindung herstellen wollen, müssen Sie sich vorher mit Ihren eigenen Gefühlen auseinandersetzen. Wie sieht es in Ihnen aus? Welche Gefühle haben Sie selbst gegenüber Ihrem Anliegen? Wie stehen Sie emotional zu Ihrem Thema?

Befassen Sie sich mit Ihrem Thema, und stellen Sie sich die folgenden Fragen:

- Was bedeutet mir persönlich dieses Thema?
- Worauf kommt es mir bei meiner Botschaft am meisten an?
- Was empfinde ich bei diesem Thema?
- Was beeindruckt mich an meinem Thema am meisten?
- Was gefällt mir daran am besten?
- Gibt es etwas, was mir zu denken gibt, mich beschäftigt?

Diese Fragen haben eine vertiefende Wirkung. Sie müssen in sich gehen, um Antworten auf diese Fragen zu finden. Die Antworten sind die emotionalen Hauptaussagen Ihrer Rede. Es sind tiefe und bewegende Aussagen. Schauen Sie zu, daß Sie in jedem Fall solche Aussagen in Ihre Rede einbauen.

Haben Sie Ihre eigenen Gefühle einmal entdeckt und akzeptiert, können Sie diese auch aussprechen. Überlegen Sie sich anhand der Checkliste »Emotionale Ich-Aussagen« (Abbildung 10), welche Gefühle Sie bei welchen rationalen Aussagen aussprechen können. Beispiel: »Ich mache mir große Sorgen über unsere Zukunft ...« Oder: »Ich nehme es sehr ernst, daß wir ...«

Abbildung 7: *Die zwei Kommunikationsebenen*

Oder: »Ich habe ein gutes Gefühl bei dieser neuen Lösung ...« Oder: »Es erstaunt mich, daß wir in dieser Sache noch nicht weitergekommen sind ...«

Versuchen Sie immer, eine Situation, die Sie schildern, auch bildhaft zu sehen. Erst wenn Sie das Bild sehen, reden Sie. Auf diese Weise fällt es Ihnen auch leichter, Gefühle zu äußern.

Dieser Kreis (siehe Abbildung 8) kann nur geschlossen werden, wenn die Zuhörer am Denk- und Produktionsprozeß des Redners teilnehmen können. Alles muß fortwährend »live« entstehen (auch Fehler!). Das macht die ganze Sache spannend für die Zuhörer. Die

Zuhörer haben das Gefühl, selbst dabeizusein, selbst mitwirken und mitbestimmen zu können, was läuft. Es ist wie ein Happening für sie. Sie fühlen sich darin aktiv einbezogen. Das schließt eine vollständige Vorbereitung einer Rede mit ausformulierten Sätzen aus. Durch das anschließende Ablesen ist nichts mehr zu produzieren, sondern nur noch zu reproduzieren. Das ist ein gewaltiger Unterschied.

Abbildung 8: *Emotionaler Kreis*

Ein wichtiger Tip: Bereiten Sie Ihre Reden nie vollständig vor. Lassen Sie bewußt zehn oder zwanzig Prozent Ihrer Vorbereitung weg, Sie sind dann gezwungen, diesen Rest jedesmal live zu produzieren. Damit wird Ihr Vortrag so lebendig, als wäre er völlig unvorbereitet und spontan erschaffen. Auf diese Weise müssen Sie den Denk- und Fabrikationsprozeß von vorne aufnehmen, ihn neu ablaufen lassen, von Anfang bis Ende. Daß Sie mehr Lampenfieber haben, wenn Sie so vorgehen, dürfte allerdings klar sein.

Aber gerade dies bringt die notwendigen Emotionen in Ihren Vortrag hinein. Ein Redner, der gelassen, selbstsicher und »cool« vor sein Publikum tritt, wirkt auf die Zuhörer unbewußt als zuwenig engagiert, als überheblich und im Grunde genommen uninteressiert. Uninteressiert am Publikum und an seiner Aufgabe. Es kommt das Gefühl auf, der Redner empfinde seine Aufgabe als lästige Pflicht.

Es ist nur natürlich, daß man leicht nervös ist, wenn man unter Druck steht! Deshalb gehören das Lampenfieber und alle ähnlichen Ängste und Spannungen zur natürlichen Rhetorik (siehe auch: »Eine rhetorische Erfolgsregel«, Abbildung 9).

Es sind im Grunde genommen drei emotionale Voraussetzungen, die Sie erfüllen müssen, wenn Sie beim Reden Erfolg haben wollen: Versuchen Sie, eine positive Einstellung zu den Zuhörern zu haben, bemühen Sie sich echt und ehrlich um die Gunst der Zuhörer, und identifizieren Sie sich vollständig und bildhaft mit Ihrem Thema und Ihrem Anliegen!

4.2 Emotionale Ich-Aussagen

Auch wenn Sie keine große emotionale Bandbreite haben als Redner, können Sie Ihre Rede emotional verstärken. Sie brauchen nur Ihre eigenen Gefühle auszusprechen. Dazu eignen sich die Ich-Aussagen (Abbildung 10).

Abbildung 9:
Eine rhetorische Erfolgsregel

Abbildung 10: *Emotionale Ich-Aussagen*

Beispiele von Ich-Aussagen zur Auswahl:	
Ich bin besonders beeindruckt von ...	Ich zweifle an ...
Ich bin wirklich froh über ...	Ich bin unsicher, ob ...
Ich bin glücklich über ...	Ich bin verunsichert wegen ...
Ich freue mich ganz besonders über ...	Es überrascht mich, daß ...
Ich bin fest davon überzeugt ...	Ich bin verblüfft über ...
Ich kann mir denken ...	Es erstaunt mich, daß ...
Ich bin sicher, daß ...	Ich bin neugierig auf ...
Ich bin besonders zufrieden mit ...	Ich bin gespannt auf ...
Ich bin erwartungsvoll, weil ...	Ich bin beunruhigt über ...
Ich bin zuversichtlich, daß ...	Es beängstigt mich, daß ...
Es liegt mir viel daran ...	Ich mache mir große Sorgen über ...
Ich lege großen Wert auf ...	Ich habe ein schlechtes Gefühl ...
Ich nehme das sehr ernst ...	Es macht mir zu schaffen, daß ...
Es ist mir persönlich aufgefallen, daß ...	Es tut mir weh ...
Ich habe ein gutes Gefühl ...	Es ist mir sehr unangenehm ...
Ich bin begeistert von ...	Ich bin bewegt ...
Es fasziniert mich, daß ...	Ich bin gerührt ...
Es beruhigt mich, daß ...	Ich bin überwältigt ...
	Ich fühle mich persönlich betroffen von ...
	Ich bedaure wirklich, daß ...

Rhetorische Arbeitselemente

Einige rhetorische Regeln der klassischen Rhetorik, so wie sie die Griechen und Römer gelehrt haben, gelten nach wie vor. Andere jedoch sind meiner Meinung nach heute überholt. Unsere Normen, Erwartungen und Ansprüche haben sich verändert. Vor allem gewisse formelle Regeln sind heute umstritten.

5.1 Ist die Anrede notwendig?

In der klassischen rhetorischen Lehre heißt es: »Keine Rede ohne Anrede!« Mit der Anrede verschafft sich der Redner das Recht, nicht unterbrochen zu werden. Das ist sicher ein gewisser Vorteil.
Wenn Sie eine Anrede verwenden, unterscheiden Sie zwischen zwei Arten, je nach Publikum:

5.1.1 Die ehrfürchtige Form

»Herr Präsident, Herr Verwaltungsratsdelegierter, meine sehr verehrten Damen und Herren!«
Man will dem Publikum einen gewissen Respekt erweisen. Das mag zwar durchaus korrekt und angebracht

sein. Aber klingt es nicht ein wenig steif? (Und wehe, wenn Sie jemanden vergessen ...)

5.1.2 Die kollegiale Form

»Lieber Jubilar, meine lieben Freunde!«
Man befindet sich im Freundeskreis. Das kollegiale, freundschaftliche, eher kumpelhafte Verhältnis wird betont. Man ist schließlich unter seinesgleichen.
Ich überlasse es ganz Ihnen, die Anrede zu wählen, die Sie – je nach Publikum – für richtig erachten. Ich selbst bin von einer Anrede eher abgekommen. Ich beginne meine Vorträge immer sehr spontan, aus dem Moment heraus. Oft greife ich etwas auf, was kurz vorher passiert ist.
Viel wichtiger ist, daß Sie warten, bis Ruhe im Saal ist. Schauen Sie die Zuhörer an, und warten Sie, bis kein Laut mehr zu hören ist. Viele Redner meinen, sich mit der Anrede Ruhe und Aufmerksamkeit verschaffen zu können. Diese Ansicht teile ich nicht. Ich versuche eher, eine nonverbale Anrede zu machen, indem ich dort stehe, zum Reden bereit, so daß jeder sieht, daß er jetzt zuhören sollte. Dies ist die erste Pause, die oft sehr lange sein muß. Pausen sind ein wichtiges rhetorisches Arbeitselement.
Wenn mir etwas Positives aufgefallen ist, das mit dem Land und den Leuten zusammenhängt, zu denen ich spreche, dann erwähne ich das immer ganz am Anfang, bevor ich meine Rede beginne. Es interessiert jeden Zuhörer, was einem Fremden positiv auffällt, wenn er zu Besuch kommt. Es ist deshalb nur natür-

lich, so etwas zu erwähnen. Es gibt immer etwas Positives zu sagen. Hauptsache, es ist echt und ehrlich gemeint und kommt ganz von innen heraus. Sonst könnte es als billige »Masche« empfunden werden.

5.2 Die Pausen

Unerfahrene Redner meinen, sie müßten ununterbrochen reden. Sie stehen unter einem Zwang, immer reden zu müssen. Deshalb sind die Pausen unerwünscht und müssen überbrückt werden mit Füllern wie zum Beispiel »... und ...« oder »... äh ...«. Beides zusammenzuhängen ist noch schlimmer: »... und ... äh ...« Solche Füller sind störend und peinlich. Außerdem sind sie völlig unnötig. Denn es ist doch ganz natürlich, nach jedem Satzende eine Pause zu machen. Dies ist sogar die einzige Möglichkeit, verbal zu markieren, daß ein Satz zu Ende ist. Gleichzeitig muß man die Stimme fallenlassen. Hält man die Stimme oben, ist eine Pause unwirksam.

Machen Sie am Ende jedes Satzes eine Pause von etwa fünf bis sechs Sekunden. Die tatsächliche Pause wird dann etwas kürzer, nur etwa zwei Sekunden, also gerade richtig.

Vor einem neuen Abschnitt sollten Sie eine längere Pause von etwa fünf bis sechs Sekunden machen. Damit gliedern Sie Ihre Rede verbal in einzelne Abschnitte und Kapitel. Andere Möglichkeiten gibt es nicht. Demzufolge sind Pausen absolut notwendige rhetorische Arbeitsmittel.

**Es erfordert Mut,
Pausen zu machen.
Es ist viel leichter,
unentwegt zu reden.
Aber Pausen sind
notwendig. Sie sind
ein unerläßliches
rhetorisches
Arbeitselement.**

Die folgenden Gründe sprechen für Pausen:
- Mit Pausen gliedern Sie Ihr Referat verbal.
- Pausen erhöhen die Wirkung Ihrer Aussagen.
- Pausen geben den Zuhörern Gelegenheit, das Gesagte aufzunehmen und zu verarbeiten.
- Pausen entlasten Sie als Redner.
- Pausen geben Ihnen die Möglichkeit, richtig zu atmen.
- Pausen geben Ihnen die Möglichkeit, weiter voraus zudenken, was Sie anschließend sagen möchten.

5.3 Betonen Sie richtig

Beim Sprechen müssen Sie Ihre Stimmlage unbedingt etwas variieren. Wenn Sie monoton daherreden, schlafen die Zuhörer bald ein. Eintöniges Reden verleitet jeden Zuhörer, ins Reich der Träume hinüberzugleiten. Wenn Sie als Redner nicht gewaltig mithelfen, die Konzentration der Zuhörer aufrechtzuerhalten, werden Sie ein müdes Publikum vor sich haben.

Ein wichtiges Wort können Sie gerne ein bißchen lauter sagen. Und nach einem wichtigen Wort können Sie eine Zwischenpause einlegen. Damit machen Sie einen Punkt vor dem Punkt. Wie ist das zu verstehen? Das Satzende markieren Sie beim Schreiben mit einem Punkt. Beim Reden lassen Sie die Stimme fallen und machen eine Pause. Punkt. Eine Pause nach einem wichtigen Wort markiert Ihren *Standpunkt*.

Sie betonen Ihren Standpunkt. Das können Sie nur mit einem Punkt machen, nicht mit einem Komma. Wir alle haben einen Standpunkt, nicht ein Standkomma. Wenn Sie also sagen wollen: »Das ist mein Standpunkt!«, dann machen Sie einen Punkt. Einen Zwischenpunkt. Einen Punkt vor dem Satzende, an dem Sie wiederum einen Punkt machen. Wählen Sie den natürlichen Rhythmus für jeden Satz:

- etwas sagen
- Stimme fallenlassen
- nichts mehr sagen
- Pause machen
- Quittung einholen (einen Zuhörer anschauen)

5.4 Bilden Sie kurze Sätze

Lange Sätze sind schwierig zu verstehen, und sie sind auch nicht mehr modern. Ein Redner, der lange Sätze formuliert, mag zwar als intelligent und gebildet erscheinen, aber er riskiert, daß vieles von dem, was er sagt, untergeht.

Wie finden Sie diesen nachfolgenden Satz?

»Die Schweiz ist in einer schwierigen Situation, denn die Europäische Union wird immer mehr Realität, und um den Anschluß in diese handelspolitisch interessante Zukunft zu finden, müßten mehrere Gesetze geändert werden, was bei der demokratischen Ordnung nicht so leicht ist, insbesondere deshalb nicht, weil ein großer Teil des Schweizervolkes gar nicht davon überzeugt ist, daß ein Beitritt zur EU notwendig sei, ganz im Gegenteil, man würde sich da nur große Probleme einhandeln, die den heutigen Status gefährden würden, den man ja schließlich nicht verlieren wollte.«

Gescheit ausgedrückt, nicht? Aber können Sie dem Inhalt überhaupt noch folgen?

Besser wäre, alles in kurze Sätze aufzuteilen:

»Die Schweiz ist in einer schwierigen Situation. Die Europäische Union wird immer mehr Realität. Die Schweiz müßte mehrere Gesetze ändern, um den Anschluß zu finden. Das wäre sicher handelspolitisch eine interessante Zukunft. Aber die demokratische Ordnung ist ein Handicap. Zudem ist ein großer Teil des Schweizervolkes gar nicht überzeugt. Ein Beitritt sei nicht notwendig, meint man. Im Gegenteil. Man würde sich da nur große Probleme einhandeln. Und der gegenwärtige Status sei gefährdet. Den wolle man ja schließlich nicht verlieren.«

Es ist sogar gestattet, kurze Sätze zu machen, die grammatikalisch unvollständig sind. Das ist heutzutage modern – obwohl mein alter Deutschlehrer damit sicherlich nicht einverstanden wäre. Aber die Kommunikation steht im Vordergrund. Und nicht die Grammatik.

**Hüten Sie sich davor, Sätze
aneinanderzuhängen.
Denn dann kommt
die große Gefahr des
»und ... ääh ...«!**

5.5 Rhetorische Fragen

Eine rhetorische Frage ist eine Frage, auf die keine Antwort erwartet wird. Sie ist eine der wichtigsten rhetorischen Arbeitselemente. Jeder kann sie anwenden, ohne daß er seine persönliche Wirkung irgendwie verfremdet. Allerdings darf auch hier nicht übertrieben werden. Ich empfehle die Einleitung eines Themas mit bis zu drei rhetorischen Fragen hintereinander.
Beispiel einer Einleitung ohne rhetorische Fragen:
»Ich möchte über das Thema ›Angeln‹ sprechen. Angeln ist ein besonders erholsamer Sport. Es gibt drei verschiedene Formen des Angelns, auf die ich jetzt im einzelnen eingehen werde, denn man braucht ganz unterschiedliche Geräte dazu.«
Bei einer solchen Einleitung geht gleich der Rolladen herunter! Besser wäre, mit drei rhetorischen Fragen wie folgt einzuleiten:

- Warum ist Angeln so erholsam?
- Wie viele Formen des Angelns gibt es eigentlich?
- Welche Geräte braucht man dazu?

Jetzt ist das gleiche gesagt worden, aber es wurden Interesse und Spannung erzeugt. Die Zuhörer werden zum Denken gezwungen.

Halten Sie sich an den in Abbildung 11 dargestellten Zyklus.

Abbildung 11: *Rede-Zyklus*

- **Wie** sieht dieses erste aus?
- **So** sieht dieses aus!
- **Darum** sieht dieses erste so aus (Begründung mit Argument, Beispiel usw.): ...

- **Wie** sieht dieses zweite aus?
- **So** sieht dieses zweite aus!
- **Darum** sieht dieses zweite so aus (Begründung mit Argument, Beispiel usw.): ...

- **Wie** sieht dieses dritte aus?
- **So** sieht dieses dritte aus!
- **Darum** sieht dieses dritte so aus (Begründung mit Argument, Beispiel usw.): ...

Beispiel: Ich halte eine Rede über das Joggen.

»Ist Jogging ein sinnvoller Sport? Was macht diesen Sport so faszinierend?
Was bringt Ihnen dieser Sport?
Ich bin der Meinung, daß Joggen sehr sinnvoll ist. Dieser Sport wird zwar von einigen Leuten in Frage gestellt, weil sie behaupten, die Kniegelenke würden überbeansprucht und das wäre gefährlich. Das ist nach meiner Erfahrung nicht so.
Warum?
Mit geeigneten Schuhen, die mit einem Luftkissen gefedert sind, tritt man so weich auf, daß es keine Schäden in den Gelenken geben kann.

Was macht diesen Sport so faszinierend?
Beim Joggen geschieht etwas sehr Merkwürdiges.
Schon nach wenigen Minuten beginnt man, gedanklich total abzuschalten. Man wird innerlich ganz
ruhig. Dann kommen meistens kreative Gedanken.
Gerade letzte Woche ist mir beim Joggen eine gute Idee
gekommen, die ich sofort in die Tat umsetzen konnte
und die mir viel gebracht hat.
Warum ist denn dieser Sport so sinnvoll?
Das Gefühl der Entspannung und des Wohlbefindens,
das man verspürt, wenn man nach einer Jogging-Runde
unter der Dusche steht, ist unvergleichlich. Außerdem
zeigt sich schon nach wenigen Wochen eine Steigerung
der Kondition. Man wird wirklich fit. Und man ist körperlich und auch geistig viel leistungsfähiger. Ich bin
überzeugt, daß damit die Lebensqualität erheblich
ansteigt.«
Haben Sie erkannt, wie es gemeint ist? Übrigens noch
ein Tip: Wenn Sie eine rhetorische Frage stellen, dürfen
Sie niemanden im Saal anschauen. Sonst ist diese Person
aufgefordert zu antworten. Blicken Sie (ausnahmsweise)
bewußt über die Köpfe der Zuschauer hinweg.

5.6 Bringen Sie eigene Beispiele

Meines Erachtens gibt es zum Begründen und Unter-
mauern von eigenen Thesen nichts Besseres, als Beispiele anzuführen. Warum?
Beispiele sind nicht zu widerlegen, sofern sie wahr und
persönlich erlebt sind. Niemand kann Ihnen Ihre eige-

nen Erfahrungen nehmen. Auch die stärksten Gegen-
argumente scheitern sofort, wenn Sie eigene Erlebnisse
vorbringen können. Sie haben es so erlebt. So ist es
geschehen. Auch jede noch so gut begründete Theorie
ist machtlos gegenüber einer wahren Begebenheit.

Die verrücktesten Thesen sind schwierig zu widerlegen, wenn Sie mit einem persönlich erlebten Beispiel
begründet werden:

»Die Straßenbahnschaffner in Zürich sind äußerst un-
freundlich! Gerade letzte Woche wollte ich am Parade-
platz in einen Wagen der Linie 7 einsteigen und klopfte
an das Fenster, daß man mir aufmache. Der Schaffner
zeigte mir einen Vogel und fuhr einfach davon!«

Wer will das widerlegen? Es müßte jemand im Saal
sein, der gerade das Gegenteil erlebt hat. Dies ist sehr
unwahrscheinlich.

Beispiele sind auch deshalb interessant, weil die Zuhörer neugierig sind.

> **Alle Zuhörer sind
> neugierig. Sie wollen
> wissen, was der Referent
> für ein Mensch ist,
> wie er denkt, was er
> fühlt und wie er lebt.**

Diese Neugierde befriedigen Sie am besten mit eigenen,
erlebten Beispielen aus dem Hier und Jetzt. Sie können
gleichzeitig Ihre Gefühle mit Ich-Aussagen ausdrücken.
Damit erreichen Sie die Zuhörer emotional.

»Als ich letzten Donnerstag einen Rundgang durch die Fabrik machte, fiel mir sofort auf, daß bei unserer Stanzmaschine etwas nicht in Ordnung war. Alle standen herum und machten verdatterte Gesichter. Das hat mich sehr stark beschäftigt. Was war da los? Wieder einmal war die Maschine ausgefallen. Wir müssen dringend nach einer neuen Lösung suchen.«

Meiden Sie Beispiele, die zu lange zurückliegen. Sie wirken dann überholt und überaltert! Machen Sie sich einen Sport daraus, immer wieder neue Beispiele aus Ihrem täglichen Leben zu suchen.

Beispiele aus dem eigenen Erlebnisbereich sind Identifikationsangebote an die Zuhörer. Sie befriedigen die natürliche Neugier der Zuhörer. Sie bilden zudem eine unverrückbare Bestätigung und haben Beweischarakter.

Wenn Sie ein persönliches Erlebnis erzählen, bei dem Sie sich ein wenig blamiert haben und sich über sich selbst lustig machen können, ist dies ein wirklicher Höhepunkt. So etwas macht Sie sympathisch.

Mit Witzen und Gags müssen Sie vorsichtig sein. Die Auffassungen von Humor sind sehr verschieden. Zitate können sehr eindrücklich sein, wenn sie zum Thema passen. Achten Sie darauf, die Zitate nicht zu verändern und den richtigen Autor zu nennen!

5.7 Beachten Sie die Semantik

Semantik (oder eigentlich: Semasiologie) heißt: die Bedeutung einzelner Wörter, Wortbedeutungslehre. Beim gesprochenen Wort ist es vielleicht nicht ganz so tragisch wie beim geschriebenen Wort, wenn etwas ausgedrückt wird, das bei den meisten Zuhörern eine andere Bedeutung hat, als es der Redner gemeint hat. Trotzdem ist es wichtig, daß man genau verfolgt, wie einzelne Wörter im Laufe der Jahre eine ganz andere Bedeutung (oder andere zusätzliche Bedeutung) bekommen können.

Nehmen wir zwei Beispiele:

Das Wort »Problem« bedeutete früher: »Eine zu lösende Aufgabe.« Heute bedeutet es eher: »Eine Schwierigkeit« und ist in einer Überzeugungsrede nicht sehr angebracht, denn man soll ja grundsätzlich nichts Negatives ausdrücken, wenn man die Zuhörer gewinnen und begeistern will.

Das Wort »geil« war früher eher zu vermeiden, denn es drückte etwas aus, worüber man besser nicht redete. Heute heißt es in der »Jugendsprache« nach Duden: »großartig, toll«.

Ich sage immer wieder, daß ein guter Redner viele Fehler machen kann, ohne daß man ihm das übelnimmt. Durch seine starke Persönlichkeitswirkung,

seine Begeisterung, die sich auch in seiner Körpersprache und in seiner ganzen Ausstrahlung ausdrückt,
wird man nicht jedes einzelne Wort auf die Goldwaage
legen. Trotzdem sollte man darauf achten, daß wichtige Aussagen nicht mit Wörtern bestückt sind, die
antiquiert sind oder mit der Zeit eine ganz andere
Bedeutung erhalten haben.

5.8 Englisch, englisch über alles?

Ein gutes und reines Deutsch zu schreiben oder zu
sprechen, ist heute eine äußerst mühsame Angelegen-
heit. Unser anerzogenes Deutsch ist durchsetzt von
vielen Anglizismen, die im Trend laufend zunehmen.
Beispiele von englischen Ausdrücken, die sich etabliert
haben:
– Computer
– Software
– Marketing
– Skills (Techniken, Methoden)
– Tools (Hilfsmittel)
– Face-to-face-Kontakt (persönliches Gespräch, Auge
  in Auge)
– Controller
– Controlling
– Shareholder Value
– u. v. a. m.

In Deutschland werden sogar englische Ausdrücke
erfunden, die es weder im Englischen noch im Ame-

rikanischen gibt, z. B. »Wellness« oder »Handy« (das heißt in USA: Mobile Telephone).

Da nützt es nichts, wenn Frankreich per Gesetz versucht, die französische Sprache »rein« zu halten, und es verbietet, englische Ausdrücke zu verwenden, und dafür die vorgeschriebenen französischen zu gebrauchen, die man außerhalb Frankreichs nirgendwo kennt:

– Computer = ordinateur
– Software = logiciel

Die Francophonie entbehrt nicht der Tragödie und der Komik. Tragödie deshalb, weil die französische Sprache tatsächlich einmal die modernste der Welt war und ihren Höhepunkt zwischen 1750 und 1850 erlebte. Komik deshalb, weil sie durch die künstliche Abschottung zu einer erstarrten Eskimo-Sprache verkommt.

Das Deutsche ist wie das Japanische, eine der größten Regionalsprachen der Welt. Es ist eine schöne Sprache, wie das Japanische auch, hat aber als Weltsprache keine Zukunft. Das neue Jahrtausend wird den Durchbruch des Englischen und Amerikanischen zur definitiven Weltsprache erheben. Zweitsprachen dazu wird es in jeder Menge geben. Wer viele davon spricht, darf sich glücklich schätzen.

Die junge Generation wächst bereits mit einem Pidgin-Englisch auf. Wer hätte vor fünf Jahren »cool« und »fun« gesagt?

Sie müssen die englischen Ausdrücke kennen und verwenden, die »in« sind. Sonst gelten Sie – je nach Zielgruppe – bald als nicht mehr »up to date«!

Die Vorbereitung

Die Vorbereitung wird oft vernachlässigt. Dabei hat man als Redner meistens sehr viel Zeit. Erfahrungsgemäß kommt es selten vor, daß man einen Vortrag oder eine Rede in kurzer Zeit »aus dem Boden stampfen« muß. Und trotzdem beginnen manche erst im allerletzten Moment mit der Vorbereitung. Gedanklich befaßt man sich allerdings meistens lange vorher schon mit dem Thema. Und immer wieder. Dann fällt einem plötzlich etwas ein, was sich gut für den Vortrag eignet: ein Höhepunkt, ein gutes Beispiel, ein origineller Vergleich, ein Zitat. Diese Dinge notiert man sich am besten jeweils gleich.

Die eigentliche Vorbereitung beginnt dann, wenn man sich eine Zeitlang mit dem Thema beschäftigt hat.

6.1 Analysieren Sie Ihre Zielgruppe

Noch bevor Sie mit der thematischen Vorbereitung Ihres Vortrages beginnen, sollten Sie sich genau überlegen, welche Leute Ihnen zuhören werden und was

diese Leute erwarten. Je nach Zielgruppe muß ganz unterschiedlich vorgegangen werden.

Was für die einen interessant ist, eignet sich für die anderen weniger. So gesehen muß jeder Standardvortrag der jeweiligen Zielgruppe angepaßt werden. Hier wird oft schwer gesündigt. Bevor Sie Ihre Rede konzipieren, achten Sie auf die Fragen in Abbildung 12, »Zielgruppenanalyse«.

Die Zielgruppenanalyse ist dann angebracht, wenn Sie vor einem geschlossenen Kreis von Leuten auftreten. Bei einem Fernseh- oder Radioauftritt hingegen, oder wenn Sie ein Zeitungsinterview geben, richten Sie sich an die breite Allgemeinheit. Dann geht es nicht mehr darum, daß eine ausgewählte Gruppe von Zuhörern überzeugt werden soll, sondern jetzt muß Ihr Auftritt für alle verständlich und überzeugend sein. Ihre Sprache wird jetzt noch wichtiger. Sie muß einfach und klar sein.

> **Klarheit in der Aussage ist Bedingung: Was Sie als Redner wollen und meinen, zählt nur, wenn dies Ihre Zuhörer auch so empfinden und verstehen.**

Es gibt viele Beispiele von gutgemeinten Reden, die jedoch in der Praxis schlecht angekommen sind. Ursache

Abbildung 12: *Zielgruppenanalyse*

Zielgruppenanalyse

Wer sind die Zuhörer?
Zu wem rede ich?
Wie viele Zuhörer werden kommen?

Wen habe ich vor mir?
Ergründen Sie
- die Altersstruktur
- das Bildungsniveau
- die Berufskategorie
- die Ausbildung
- die Herkunft
- die soziale Schicht
- das Vorverständnis
- die Position
- die Erfahrung Ihrer Zuhörer. Sind es Fachleute oder Laien?

Wie sind die Leute eingestellt?
Welche
- Erwartungen
- Meinungen
- Motive
- Ansichten
- Vorurteile haben sie?

Was interessiert diese Leute?
Und was nicht?
Was ist für die Leute wichtig?
Und was weniger?
Was wissen die Leute bereits?
Was wollen die Leute hören?

dafür ist, daß oft das relevante Umfeld, in dem die Rede gehalten wird, zuwenig beachtet oder falsch eingeschätzt wurde.

Ihr natürliches Auftreten und Verhalten bleibt nach wie vor im Vordergrund. Aber Ihre Ausdrucksweise erhält einen größeren Stellenwert, wenn Sie öffentlich auftreten. Es geht darum, wie Sie in Ihrem Umfeld verstanden werden.

6.2 Ziel und Hauptbotschaft

Was will ich mit dem Vortrag eigentlich erreichen? Was ist meine Hauptbotschaft?

Diese beiden Fragen sollte sich jeder Referent stellen. Bei vielen Vorträgen habe ich das Gefühl, daß die Referenten überhaupt keine Ahnung haben, warum sie reden. Lassen Sie die Zuhörer nicht im ungewissen!

Was ist mein Hauptanliegen? Worauf kommt es mir bei diesem Vortrag am meisten an? Was ist für mich in diesem Vortrag das Wichtigste?

Diese Fragen ergeben automatisch die Hauptbotschaft. Diese Botschaft können Sie bereits in der Form eines Schlußsatzes ausformulieren. Der Schlußsatz sollte wenn möglich Appellcharakter haben. Er sollte eine Aufforderung zum Handeln sein: »Gehet hin und tut also ...!«

Wenn Sie diesen Schlußsatz formuliert haben, wird die ganze Rede, die Sie jetzt vorbereiten, auf diesen Schlußsatz hin ausgerichtet sein. Alles hat einen »roten Faden«. Sie werden schrittweise an Ihr Ziel, das heißt an Ihren Schlußsatz, herangeführt. So schlagen Sie thematisch keine Haken. So wird alles viel einfacher. Für Sie und für die Zuhörer.

Sie verlieren sich dann auch nicht vom Hundertsten ins Tausendste. Sie können abschnittsweise, streckenweise vorrücken und weitergehen. Sie wissen von Anfang an, wohin Sie gehen. Sie kennen die Richtung und die Zuhörer auch.

> **Ein Redner, der
> ein klares Ziel vor Augen
> hat und schrittweise
> auf dieses Ziel zusteuert,
> wirkt selbstbewußt
> und souverän.
> Er und die Zuhörer
> fühlen sich sicher
> und gut aufgehoben.**

6.3 Die kleine Rede – die große Rede

Ist für eine kleine Rede eine Vorbereitung überhaupt nötig? Ja, sicher, aber da genügen wenige Minuten. Wenn Sie an einem Fest als Jubilar oder sonstwie gefeiert werden, und es werden Reden gehalten über Sie, wie können Sie sich da groß vorbereiten auf Ihre Replik? Sie können ja nicht gut sagen: »Ich werde dann auf diese Reden bei nächster Gelegenheit, vielleicht nächstes Jahr, antworten!« Nein, Sie müssen bald selbst aufstehen und eine kleine Rede halten. Und Sie müssen eingehen auf Dinge, die da gesagt wurden.

Dies ist ein unangenehmes Gefühl. Man kann die Reden gar nicht richtig genießen. Denn bei jedem Satz überlegt man sich: »Was antworte ich darauf? Soll ich überhaupt darauf eingehen oder lieber nicht?«

Sich Notizen machen ist oft auch unmöglich. Es sieht nicht gut aus, wenn sich der Jubilar an einem Fest dauernd Notizen macht. Da hat es der Schlagfertige gut, der ein gutes Gedächtnis hat und blitzschnell auf alles eingehen kann. Wie machen Sie das?

Merken Sie sich drei Aussagen, die für Sie wichtig sind und worauf Sie eingehen wollen. Drei ist eine gute Zahl, drei Gedanken kann man gerade noch im Kopf behalten. Beantworten Sie sich auch die folgenden Fragen:

- Was hat mich am meisten beeindruckt?
- Was hat mir am besten gefallen?
- Was kann ich bestätigen?
- Was muß ich richtigstellen?
- Was ist meine Hauptbotschaft für meine Replik?

Und dann stehen Sie einfach auf und fangen an zu reden. »Es redet dann schon!« Bedenken Sie all das, was Sie in den ersten Kapiteln über die Persönlichkeit des Redners gelesen haben. Es ist gar nicht so wichtig, was Sie sagen! Hauptsache, Sie haben die richtige Einstellung. Die spüren alle. Lassen Sie alle teilhaben an

Ihrer Situation. Jeder wird sich in diese Situation hineindenken und verstehen, daß Sie jetzt zwar gerührt, aber zugleich gestreßt und gefordert sind.

Die Länge einer kleinen Rede muß angemessen sein. Eine kleine Rede darf keine halbe Stunde dauern. Wenn Sie in drei Minuten das Wesentliche sagen können, dann soll das genügen. Sie dürfen auch fünf Minuten dazu brauchen, auf keinen Fall aber mehr als zehn Minuten! Je kürzer, desto besser!

Für die große Rede ist eine seriöse Vorbereitung angebracht. Eine große Rede ist oft auch etwas, was niemand mehr vergessen soll. Sie sind beispielsweise eingeladen zu einer Geburtstagsfeier einer prominenten Persönlichkeit. Es werden auch viele bekannte Gäste anwesend sein. Sie sollen eine Rede halten. Das darf keine »kleine Rede« sein, es muß eine »große Rede« werden, die auch großen Eindruck machen soll. Das erfordert mehr Zeit für die Vorbereitung.

6.4 Sammeln Sie Material

Wie bereitet man sich auf eine große Rede vor? Wenn Sie ein Haus bauen, benötigen Sie Material. Sie brauchen Bausteine, Bauelemente, Holzbalken, Ziegel und vieles andere mehr. Die Menge des Materials wird im voraus so genau wie möglich festgelegt, um zu vermeiden, daß zuviel angeliefert wird.

Bei der Vorbereitung einer Rede kann man nicht alles vorher genau berechnen. Man muß einfach einmal möglichst viel Material sammeln. In einem zweiten

Durchlauf, wenn die Rede eigentlich schon vorbereitet ist, wird alles nochmals überprüft, und man überlegt sich, was man besser wieder weglassen sollte. (Siehe auch »Der Prozeß des Weglassens«, Abschnitt 6.5.)
Bevor Sie Ihr Material sammeln, sollten Sie sich die emotionalen, vertiefenden Fragen stellen, die ich Ihnen bereits empfohlen habe:

• Was bedeutet mir das Thema?
• Was fasziniert mich daran am meisten?
• Was beschäftigt mich daran am meisten?

Die Antworten auf diese Fragen ergeben die Schwerpunkte Ihrer Rede.
Stellen Sie jetzt Ihre Thesen und Hauptaussagen zusammen. Dann überlegen Sie sich, mit welchen Argumenten, Beispielen, Vergleichen, Zitaten und Höhepunkten Sie dies alles begründen.
Nur den Schlußsatz und die Zitate, die Sie zu Ihrer Rede verwenden, sollten Sie schriftlich und ausformuliert festhalten. Notieren Sie ansonsten immer nur Stichworte.
Diese Vorgehensweise bringt Ihnen zwei entscheidende Vorteile:

1. Sie haben bedeutend weniger Arbeit.
Es ist viel aufwendiger, einen Vortrag vorzubereiten, wenn man ganze Sätze schreibt. Wenn einzelne Abschnitte beziehungsweise Teile der Rede umgebaut werden müssen, wird alles unübersichtlich. Wenn Sie

nur Stichworte notieren, können Sie viel leichter im nachhinein Korrekturen vornehmen, ohne alles wieder neu schreiben zu müssen.

2. Sie kommen gar nicht in Versuchung, abzulesen.
Die Erfahrung zeigt, daß ausformulierte Sätze, einmal aufgeschrieben, auch so im Manuskript stehen, welches bei der Rede vor Ihnen liegt. Dann ist auch klar, daß Sie diese ablesen werden. Haben Sie nur Stichworte, zwingen Sie sich, frei zu sprechen. Sie können dann Ihre Zuhörer am Prozeß des Vorausdenkens und des freien Formulierens teilhaben lassen. Genau das macht Ihren Vortrag spannend. Das Ablesen von Vorfabriziertem ist schrecklich langweilig (essen Sie gerne Vorgekautes?).

6.5 Der Prozeß des Weglassens

Sie haben bestimmt viel zuviel Material herangeschafft.
Und das liegt jetzt herum. Transportieren Sie es wieder
ab. Muten Sie Ihren Zuhörern nicht zu, alles anhören zu
müssen. Alles, was nicht gebraucht wird, ist kontraproduktiv.

**Jedes
überflüssige Wort
wirkt seinem Zweck
direkt entgegen.**
(Harry Holzheu)

Befreien Sie sich von überflüssigem Ballast. Viele Redner halten sich nicht daran. Bedauerlicherweise. Deshalb muß man fast nach jedem Vortrag sagen: »Weniger wäre mehr!« Und deshalb überziehen viele Redner
ihre Redezeit. Und das ist ein psychologisches Verbre-
chen.
Ich erinnere mich an zahlreiche Veranstaltungen, wo
die Redner massiv überzogen haben. Andere Referenten, die später an der Reihe waren, hatten dann das
Nachsehen. Sie mußten meistens ihre Vorträge kürzen,
weil ihnen nicht mehr die ursprüngliche Redezeit zur
Verfügung stand, für die sie ihren Vortrag vorbereitet
hatten. Gehen Sie in einem zweiten Durchlauf Ihr
ganzes Konzept nochmals von vorne durch und überlegen Sie sich, was Sie weglassen können. Lassen Sie
alles weg:

- was nicht unbedingt hineingehört,
- was die Zuhörer bereits wissen,
- was nicht dem Ziel Ihres Vortrages entspricht,
- was Sie selbst nicht so ganz überzeugt,
- was die Zuhörer nicht interessiert,
- was zu weitschweifig und zu langatmig ist.

Bei diesem Vorgang – dem sogenannten Prozeß des Weglassens – sollten Sie Ihr Referat um etwa ein Drittel kürzen. Seien Sie großzügig im Weglassen! Überwinden Sie Ihre fachlichen Bedenken. Streichen Sie, was »eigentlich auch noch gesagt werden müßte«. Auch wenn es Ihnen weh tut: Eliminieren Sie alles, was aus der Sicht der Zuhörer nicht unbedingt interessant ist! Dann werden Sie höchstwahrscheinlich verhindern, daß:

- Ihr Referat langweilig ist,
- die Zuhörer einschlafen,
- Sie nicht überzeugen,
- Sie Ihre Redezeit überziehen.

In der Kürze liegt die Würze! Wenn jeder Redner, den ich bisher erlebt habe, ein Drittel seines Stoffes weglassen und dafür mehr und längere Pausen einschalten würde, wäre sein Referat allein schon deswegen um vieles besser!

6.6 Wie Sie Ihr Manuskript gestalten

Schreiben Sie die Notizen, die Sie sich zu Ihrem Referat machen, auf einzelne Blätter. Niemals auf einen Block! Es wirkt unvorteilhaft, wenn ein Redner vor den Zuhörern steht und ständig umblättern muß.
Für eine Rede im privaten Kreis verwenden Sie am besten kleine Zettel im Format A 6. Falten Sie ein DIN-A 4-Blatt oder Halbkarton zweimal und schneiden

Sie es beim Falz auf. Damit erhalten Sie vier kleine Zettel bzw. Karten im gewünschten Format.

Diese Kärtchen können Sie bequem in die Tasche stecken. Außerdem können Sie sie in einer Hand halten und haben dennoch die Möglichkeit, Arme und Hände frei zu bewegen. Eine natürliche Gestik ist so gewährleistet. Wenn Sie Ihr Manuskript mit beiden Händen festhalten, sind die Hände blockiert und können nicht reden.

Eine Manuskriptseite sollte nicht mehr als acht Stichwörter enthalten. So ist die Schrift groß genug, und Sie können alles sehr gut lesen, ohne das Manuskript allzu nahe an sich herannehmen zu müssen. Außerdem entsprechen acht Stichwörter pro Seite etwa einer Minute Redezeit, so die Faustregel.

Kennzeichnen Sie die rhetorischen Fragen durch Fragezeichen. Bringen Sie ebenfalls die Ich-Aussagen an, damit Sie diese nicht vergessen!

Numerieren Sie die Manuskriptseiten oben rechts. Falls die einzelnen Blätter durcheinandergeraten, ist es schwierig, sie wieder richtig einzuordnen, weil nur die Stichwörter darauf vermerkt sind.

Die Zitate und der Schlußsatz müssen ausformuliert niedergeschrieben werden. Zitate sollen nicht verfremdet werden. Der Schlußsatz ist zu wichtig, um ihn zu improvisieren.

6.6.1 Das große Manuskript

Für Vorträge im größeren Kreis sind Manuskriptblätter im Format A4 angebracht, die Sie auf das Rednerpult legen können. Sie brauchen nichts mehr in der Hand zu halten. Ich empfehle lose Blätter, die alle rechts oben numeriert sind. So kann man die Blätter jeweils nach Gebrauch einfach nach links hinüberschieben.

Auf den großen Blättern können Sie bis zu 15 Stichworte anbringen. Das entspricht etwa zwei Minuten Redezeit pro Blatt. Schreiben Sie groß genug, denn die Distanz zum Rednerpult ist oft größer, als wenn Sie ein Manuskript in der Hand halten.

Wenn Sie Folien verwenden, notieren Sie jeweils im Manuskript, wann welche Folie gezeigt werden soll.

In Abbildung 14 finden Sie die »Checkliste für die Vorbereitung einer Rede«. Sie enthält die Zusammenfassung aller beschriebenen Punkte, die für die Vorbereitung wichtig sind, und zwar in der richtigen Reihenfolge.

Abbildung 13: *Das Manuskript für Reden in kleinerem Kreise*

Abbildung 14: *Checkliste für die Vorbereitung einer Rede*

Analyse der Zielgruppe

Wie viele Zuhörer werden kommen?
Wen habe ich vor mir?

- Berufskategorie
- Fachleute
- Alter
- Ausbildung
- Laien
- Herkunft
- Erfahrung

Wie sind die Leute eingestellt?

- Dafür?
- Positiv?
- Neutral?
- Offen?
- Dagegen?
- Skeptisch?

Was interessiert die Leute?

- Was ist ihnen wichtig?
- Unwichtig?
- Was wollen die Leute hören?

Formulieren des Ziels und der Hauptbotschaft
- Was will ich mit der Rede erreichen?
- Was ist meine Hauptbotschaft?

Fragen an sich selbst vor dem Aufbau der Rede zum Thema
- Was bedeutet es mir?
- Worauf kommt es mir am meisten an?
- Was gefällt mir daran am besten?
- Was mißfällt mir daran am meisten?
- Was empfinde ich bei ...?

Sammeln des Materials

- Thesen
- Aussagen
- Schlußfolgerungen
- Argumente
- Beispiele
- Höhepunkte
- Tatsachen
- Vergleiche
- Gags

Strukturieren

- Anfang
- Hauptteil
- Schluß

Weglassen
- Was die Zuhörer bereits wissen.
- Was die Zuhörer kaum interessiert.

Die Architektur Ihrer Vorträge

Eine gute Rede, ein guter Vortrag hat eine gute Architektur. Darunter verstehe ich Aufbau und Gliederung, Form, Inhalt und Präsentation. Auch das Umfeld gehört dazu. Ein Haus kann noch so schön sein, es muß in die Gegend passen. Aber beginnen wir bei der Gliederung:

Der englische Schriftsteller W. Somerset Maugham wurde einmal gefragt, warum seine Kurzgeschichten so weltberühmt geworden seien. Er antwortete: »Das ist sehr einfach: Alle meine Kurzgeschichten haben einen Anfang, eine Mitte und einen Schluß!« Diese Dreiteilung sollte auch bei einer Rede zu erkennen sein:

Abbildung 15: *Aufbau einer Rede*

Anfang – Einleitung
Hauptteil (erkennbar strukturiert)
Schluß

Die Zuhörer haben ein ausgesprochenes Bedürfnis nach Struktur. Sie wollen sehr bald wissen, was da auf sie zukommt. Läßt man sie zulange im ungewissen, werden sie ungeduldig oder sogar aggressiv. Es ist daher von Vorteil, so früh wie möglich Transparenz zu schaffen, was den Aufbau und die Struktur einer Rede anbelangt.

7.1 Der Anfang

»Aller Anfang ist schwer!« wird allgemein gesagt. Dieser Meinung bin ich nicht unbedingt. Ich habe bereits empfohlen, den »nonverbalen Anfang« so zu gestalten, daß man eine lange Pause macht und die Zuhörer anschaut, bis alles ruhig wird. Dabei sehen Sie sich bereits nach »Freunden« um, die Ihnen schon bald erhebliche moralische Unterstützung geben. Ob Sie eine Anrede halten oder nicht, sei Ihnen überlassen. Das gleiche gilt für die Positivaussage. Wenn Sie wirklich etwas Positives beobachtet haben, das Sie beeindruckt hat, dann sagen Sie dies gleich zu Beginn. Aber es muß von innen herauskommen und ehrlich sein. Und nun? Wie sollen Sie einsteigen? Vorab drei Negativbeispiele von authentischen Redeanfängen, die ich selber gehört habe, man hält es fast nicht für möglich:

1. »Herr Präsident, meine sehr verehrten Damen und Herren! Ich darf damit beginnen, daß ich einmal ausdrücklich und in aller Offenheit ausspreche: Es ist doch wirklich das Problem, das uns bedrückt, das wir alle spüren und das ich jetzt hier einmal klar und deutlich zum Ausdruck bringen möchte, meine Damen und Herren …«

2. »Meine Damen und Herren, man hat mich damit beauftragt, zu Ihnen über folgendes Thema zu sprechen: Die neue Organisation unserer Firma. Ich hoffe, daß es mir gelingen wird, in der kurzen mir zur Verfügung stehenden Zeit aufzuzeigen, was die hauptsächlichsten Aspekte dieses Themas sind …«

3. »Ich darf Sie, Herr Generalstellvertreter, im Namen des Vorstandes recht herzlich als Ehrengast begrüßen, und auch Ihnen, meine Damen und Herren, darf ich herzliche Grüße überbringen von unserer Gemeinschaft. Es ist mir eine außerordentliche Freude, Sie alle heute hier anzutreffen. Ich darf darauf hinwei-

sen, daß ich jetzt über ein Thema sprechen werde, das Ihnen altbekannt ist: . . .« Steifer, umständlicher und zugleich nichtssagender geht's wohl nicht mehr! Was will der Redner eigentlich? Leider sind diese Beispiele stellvertretend für das, was sich in der heutigen Zeit in der Praxis abspielt. Kaum zu glauben!

Abbildung 16: *Neun Vorschläge für den Aufbau einer Rede*

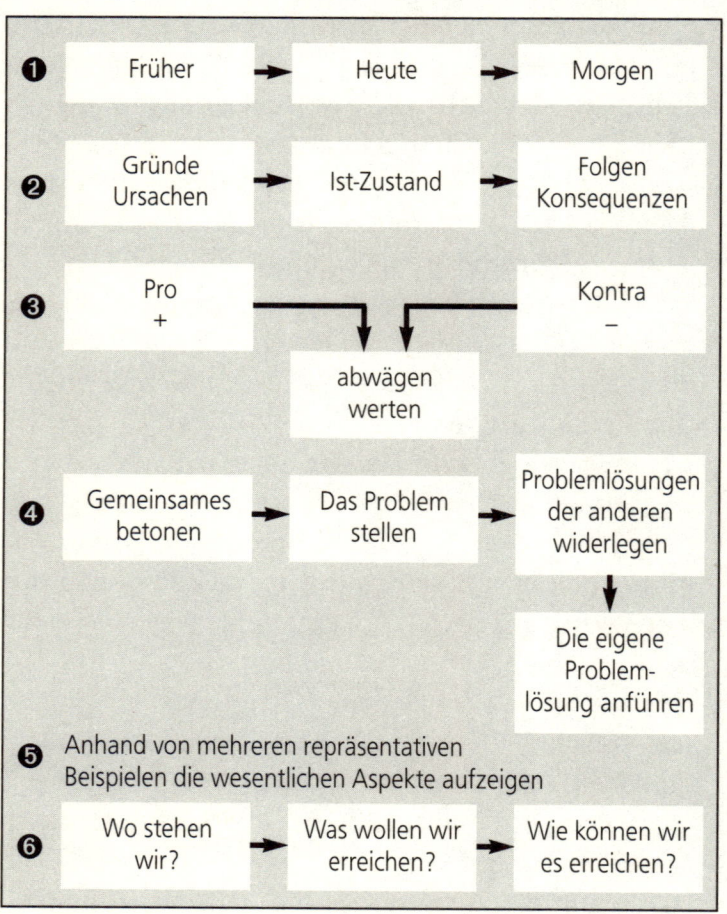

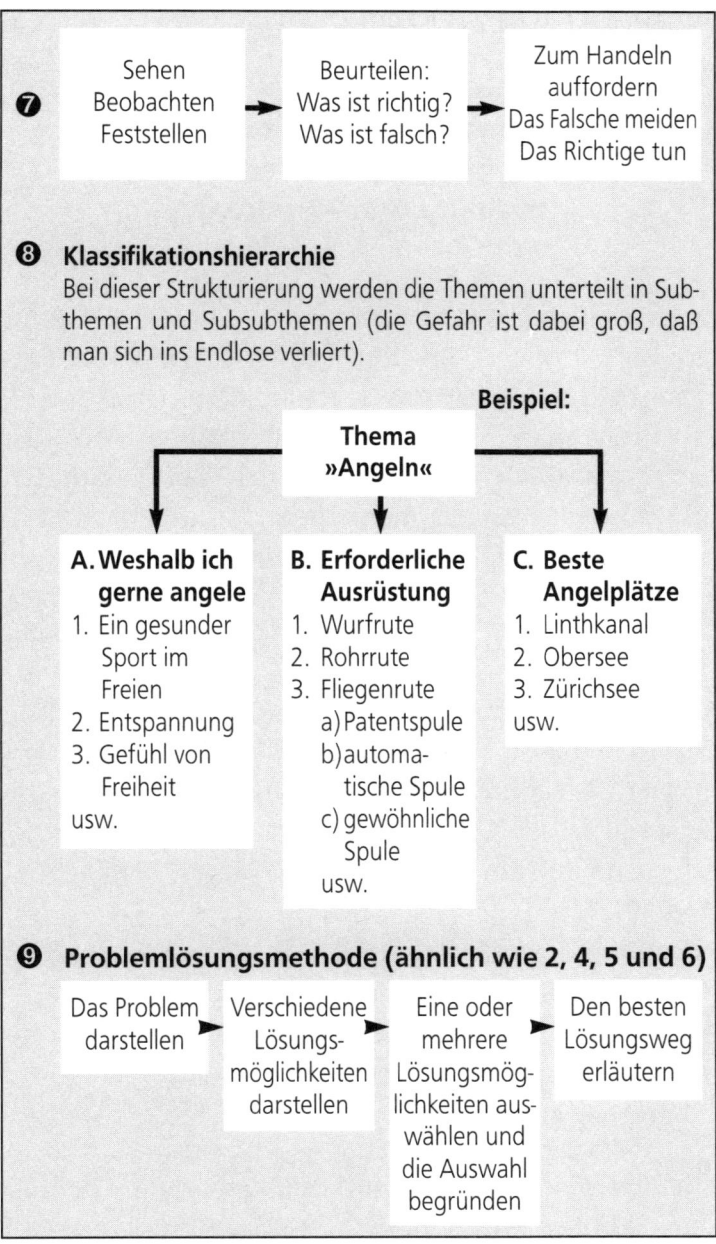

❼ Sehen Beobachten Feststellen → Beurteilen: Was ist richtig? Was ist falsch? → Zum Handeln auffordern Das Falsche meiden Das Richtige tun

❽ Klassifikationshierarchie
Bei dieser Strukturierung werden die Themen unterteilt in Subthemen und Subsubthemen (die Gefahr ist dabei groß, daß man sich ins Endlose verliert).

Beispiel:

Thema »Angeln«

A. Weshalb ich gerne angele
1. Ein gesunder Sport im Freien
2. Entspannung
3. Gefühl von Freiheit
usw.

B. Erforderliche Ausrüstung
1. Wurfrute
2. Rohrrute
3. Fliegenrute
   a) Patentspule
   b) automatische Spule
   c) gewöhnliche Spule
usw.

C. Beste Angelplätze
1. Linthkanal
2. Obersee
3. Zürichsee
usw.

❾ Problemlösungsmethode (ähnlich wie 2, 4, 5 und 6)

Das Problem darstellen ► Verschiedene Lösungsmöglichkeiten darstellen ► Eine oder mehrere Lösungsmöglichkeiten auswählen und die Auswahl begründen ► Den besten Lösungsweg erläutern

Ein anderer, wichtiger Punkt:

Entschuldigungen zu Beginn einer Rede sind absolut kontraproduktiv.

Obwohl auch das sehr oft vorkommt, halte ich es für ein ganz großes Tabu. Der Redner bewirkt mit Entschuldigungen genau das Gegenteil dessen, was er will. Er will Sympathie erzeugen auf diese billige Art. Aber das ist natürlich nicht möglich. Die Zuhörer finden folgende Äußerungen, die wiederum authentisch sind, nicht sympathisch, sondern eher lächerlich:

- Entschuldigen Sie meine ungenügenden Sprachkenntnisse ...
- Leider konnte ich mich aus Zeitmangel nicht richtig vorbereiten ...
- Eigentlich müßte ich das Bett hüten, ich habe eine Grippe ...
- Ich bitte Sie um Entschuldigung wegen meiner Heiserkeit ...
- Entschuldigen Sie, wenn ich etwas weiter ausholen muß, bevor ich zum Thema komme ...
- Leider sind die Unterlagen nicht mehr rechtzeitig bei mir eingetroffen, so daß ich gar keine Zeit mehr hatte, sie zu studieren ...

Nach einer solchen Entschuldigung wird dem Redner kein Wohlwollen, sondern Ablehnung entgegengebracht! *Geben Sie am Anfang einen Überblick.* Die Zuhörer sind Ihnen dankbar, wenn sie von Anfang an wissen, was Sie als Redner mit ihnen vorhaben. Sagen Sie, worüber Sie reden werden. Ich hatte bereits empfohlen, gleich am Anfang zwei bis drei rhetorische Fragen hintereinander zu stellen, die einen gewissen Trichtereffekt haben und zugleich in Ihr Thema einführen. Damit erzeugen Sie Spannung und geben gleichzeitig die notwendigen Informationen an die Zuhörer.

Beispiele:
Wie sieht unsere neue Organisation aus?
Warum mußten wir sie einführen?
Was bringt sie Ihnen für Vorteile?

Was ist Delta-Segeln für eine Sportart?
Ist dieser Sport wirklich so gefährlich?
Was ist daran so faszinierend?

Was haben wir in diesem Jahr alles erreicht?
Worauf können wir besonders stolz sein?
Was für Problemen sind wir begegnet?

Ein solcher Anfang wird von den Zuhörern sehr geschätzt.

7.2 Strukturierung des Hauptteils

Für längere Vorträge können Sie für den Hauptteil komplexere Strukturen verwenden, wie wir sie Ihnen in Abbildung 16 in neun Varianten empfehlen. Even-

tuell können auch mehrere dieser Strukturen mitein-
ander kombiniert werden. Das Ganze muß aber für
den Zuhörer von Anfang an transparent sein, sonst ist
er verunsichert. Sie können zu Beginn gerne die ver-
wendete Struktur bekanntgeben.

Für Kurzvorträge eignet sich wohl die untenstehende,
klassische griechische Strukturform am besten:

Anrede (fakultativ):
»Meine sehr geehrten Damen und Herren ...«

Positiv-Aussage (fakultativ, nur wenn geeignet):
»Ich bin besonders beeindruckt von ...«

Hauptteil:
1. Schilderung des Sachverhalts
   Rhetorische Frage: »Wie sieht das aus ...?«
   Antwort geben: »So sieht das aus ...!«
2. These als persönliche Meinung formuliert
   »So sehe ich das ...«
   »Das ist meine Meinung ...«
3. Argumentation für Ihre These
   »Das ist der Grund ...«
   »Folgendes ist Tatsache ...«
   »Ich habe das Folgende erlebt ...« (Beispiele)
   »Das ist wie ...« (Vergleich)
   »Der hat gesagt ...« (Zitat)

Schluß:
»Deshalb fordere ich Sie auf ...« (Aufforderung zum
Handeln.)
»Deshalb bin ich überzeugt, daß ...« (persönliches
Bekenntnis)

7.3 Der Schluß

Der Redner kommt zum Schluß. Alle frohlocken. Jetzt ist der Vortrag – endlich – zu Ende! So ist es meistens. Die Zuhörer freuen sich, wenn ein Redner zum Schluß kommt. Leider ist es nur selten der Fall, daß die Zuhörer gerne noch länger zuhören möchten. Im Gegenteil. Bei den meisten Reden wären die Zuhörer froh gewesen, der Redner hätte viel früher schon aufgehört. Sagen Sie übrigens niemals: »Ich komme jetzt zum Schluß!« Damit entwerten Sie alles Weitere, was Sie nachher noch sagen. Jeder denkt: »Jetzt hat er doch gesagt, es sei Schluß. Warum redet er dann noch weiter?«

7.3.1 Fassen Sie zusammen

Sagen Sie: »Lassen Sie mich zusammenfassen.« Oder: »Ich fasse zusammen.« Anschließend wiederholen Sie Ihre Hauptaussagen, Ihre Hauptargumente. Passen Sie aber wirklich darauf auf, daß Sie nicht zu langatmig werden. Eine Zusammenfassung muß kurz und prägnant sein.

7.3.2 Der wichtigste Satz Ihrer Rede ist der Schlußsatz

Der Schlußsatz ist der wichtigste Satz der ganzen Rede. Wenn ein Zuhörer viel zu spät hineinkommt und gerade noch Ihren Schlußsatz hören konnte, dann weiß er genau, worüber Sie gesprochen haben (falls der Schlußsatz korrekt formuliert ist). *Die Aufforderung zum*

Handeln ist nach der klassischen griechischen Rhetoriklehre auch heutzutage für den Schlußsatz sehr geeignet. »Ich fordere Sie deshalb auf: …« So weiß der Zuhörer wenigstens, was der Redner wollte. Ob er es dann auch tut, ist eine andere Frage! Aber es besteht zumindest Klarheit. Nicht für alle Themen und Anliegen eignet sich ein Schlußsatz mit Appellcharakter. Wenn Sie ein Produkt anbieten, können Sie nicht sagen: »Deshalb fordere ich Sie auf, sofort zu bestellen!« Sie würden riskieren, daß die Zuhörer genau das Gegenteil tun. In solchen Fällen eignet sich ein *persönliches Bekenntnis*. Es könnte etwa lauten: »Aus diesen Gründen bin ich persönlich voll und ganz davon überzeugt, daß sich dieses Produkt für Ihr Anwendungsgebiet hervorragend eignet.«

Nach dem Schlußsatz darf nichts mehr gesagt werden!

Achten Sie darauf, daß Sie den Schlußsatz nicht zerreden! Nach dem Schlußsatz dürfen Sie wirklich nichts mehr sagen! Wie geben Sie den Zuhörern ein Zeichen, daß Sie am Ende angelangt sind? Bei vielen Rednern hört man am Schluß die Aussage: »Ich danke Ihnen für Ihre Aufmerksamkeit!« Ich lehne diese Aussage ab. Es ist doch nicht die Schuld der Zuhörer, wenn sie unaufmerksam sind, sondern immer die Schuld des Redners. Es ist also der Redner, der sich selber danken sollte, daß die Zuhörer aufmerksam waren! Anders ist es bei einer Diskussion am Fernsehen. Da muß ja immer damit gerechnet werden, daß der Zuhörer sein Gerät abschaltet. (Wenn man das bei den Vorträgen und Reden nur auch machen könnte!). Ich empfehle, nach dem Schlußsatz ganz einfach zu sagen: »Danke schön!« Damit setzen Sie das Zeichen, daß jetzt applaudiert werden darf. Punktum!

7.3.3 Am Schluß einer Rede müssen die Glocken läuten

Sorgen Sie dafür, daß es immer spannender wird gegen den Schluß Ihres Referates hin. Bauen Sie Spannung auf. Erhöhen Sie die Lautstärke allmählich.

Heben Sie langsam und allmählich Ihre Stimme. Machen Sie längere Pausen. Kunstpausen. Den Schlußsatz sprechen Sie laut und deutlich, fast feierlich. Damit sorgen Sie für starken Applaus. Applaus ist nicht nur wichtig für den Redner, sondern auch für die Zuhörer. Applaus ist erstens die Belohnung für den Redner. Genießen Sie Ihren Applaus. Bleiben Sie stehen, während applaudiert wird. Schauen Sie ins Publikum, und zwar solange, bis der Applaus aufhört. Damit danken Sie den Zuhörern für den Applaus. Zweitens ist der Applaus eine gegenseitige Bekräftigung für alle Zuhörer, daß Sie gut waren. Auch der letzte Zweifler wird jetzt überzeugt sein, wenn so stark und so lange applaudiert wird. Es fällt ihm schwer, nicht Ihrer Meinung zu sein. Das ist die Macht der Rhetorik.

7.4 Visuelle Hilfsmittel

Ein Bild sagt mehr als tausend Worte!

Nur etwa zwanzig Prozent des gesprochenen Wortes bleiben in Erinnerung (der Redner bleibt jedoch immer in Erinnerung!). Aber vom Inhalt her ist das schon erschütternd, wenn nur etwa ein Fünftel dessen, was vorgetragen wird, in den Köpfen der Zuhörer festsitzt.

Von einem Bild behält man etwa dreißig Prozent in Erinnerung. Der Vortragende kann also den Haftwert auf etwa fünfzig Prozent steigern, wenn er zusätzlich zum gesprochenen Wort visuelle Hilfsmittel einsetzt. Welches sind die gängigsten Hilfsmittel? Film, Dias, Tonbildschau und Video-Großbildprojektion sind nur in Ausnahmefällen geeignet und für die Vorbereitung und Installation recht kostspielig. Wenn ein Film gezeigt wird, muß der Saal völlig abgedunkelt werden.

Bei Dias muß das Licht ebenfalls so gedämpft werden, daß ein nonverbaler Dialog mit den Zuhörern nicht mehr möglich ist. Also eine Einladung für die Zuhörer, ihr Schläfchen zu machen! Das wird oft übersehen. Während langer Strecken werden Dias gezeigt, und der Redner kommentiert sie im Off. Er hält einen sogenannten Diavortrag. Diavorträge sind keine Vorträge, sondern etwas ganz anderes. Es sind kommentierte Bildfolgen. Heutzutage kann man so etwas bequemer (und professioneller) zu Hause am Fernsehen serviert bekommen. Ein Flipchart kann einen Vortrag unterstützen, insbesondere, wenn darauf Informationen vermerkt werden, die während des Vortrages längere Zeit sichtbar bleiben sollen. Bei Vorträgen und Präsentationen im Freien, beispielsweise auf einer Baustelle, gibt es kein anderes Hilfsmittel als den Flipchart. Allerdings ist der Einsatz des Flipcharts begrenzt auf eine maximale Zuhörerzahl von etwa 40 bis 50 Personen.

7.5 Folien

Das Zeigen von Folien mit einem Overheadprojektor hat sich heute allgemein durchgesetzt. Ich persönlich könnte mir nicht mehr vorstellen, einen Vortrag oder ein Seminar ohne dieses Hilfsmittel zu halten. Aber eben, Folien sollten Hilfsmittel bleiben und nicht die Hauptrolle spielen. Die Versuchung ist groß, nicht nur das auf Folien zu übertragen, was man zu zeigen, sondern auch alles, was man zu sagen hat. Wenn ein Redner vor sein Publikum tritt mit einem Riesenstapel eingerahmter Folien, höher als 30 Zentimeter, denkt jeder Zuhörer: »Mein Gott, bis der da durch ist!« Der Redner legt dann eine Folie nach der anderen auf und kommentiert einfach, was da jeweils draufsteht. Das ist keine Rede und kein Vortrag mehr. Der Redner ist ein »Folienpapagei«, er plappert einfach alles nach, was man auf der Folie sieht. Augenkontakt mit dem Publikum gibt es keinen. Der Redner hält einen Dialog mit seinem Overheadprojektor. Passen Sie auf, daß Sie nicht zu viele Folien verwenden! Zwischendurch muß der Overheadprojektor unbedingt während längerer Sequenzen ausgeschaltet werden, damit das aufgebaut werden kann, was in den vorhergehenden Kapiteln empfohlen wurde: ein nonverbaler Dialog mit großer Spannung! Ich habe deshalb für den optimalen Folieneinsatz (siehe Abbildung 17) spezielle Richtwerte entwickelt, an die ich mich selbst halte. Ich vermeide auf diese Weise zu lange zeitliche Strecken ohne Augenkontakt mit den Zuhörern.

Abbildung 17: *Richtwerte für Folieneinsatz*

Redezeit	Maximale Anzahl Folien
Bis 10 Minuten	5
11 bis 15 Minuten	10
16 bis 20 Minuten	15
21 bis 30 Minuten	20
31 bis 50 Minuten	40

Die Schriftgröße ist auch sehr wichtig. Da wird noch viel gesündigt. Manche Redner zeigen Folien mit derart kleiner Schrift, daß nicht einmal die Zuschauer in den vorderen Reihen den Text lesen können, geschweige denn die in den hintersten Reihen! In der Abbildung 18 finden Sie ein Beispiel einer Folie in Originalschriftgröße, so wie ich sie verwende. Bei dieser Schriftgröße haben Sie auch bei sehr großen Teilnehmerzahlen nie Probleme!

7.6 Präsentationen Ihrer Angebote

Verkäufer sollten nicht nur Einzelgespräche bei Kunden führen, sondern auch ab und zu ihren Kunden Vorträge und Präsentationen anbieten. Viele Unternehmungen führen Fachtagungen und Symposien für ihre Kunden durch. Oft engagieren sie dazu externe Fachreferenten. Mit diesen Referenten ist es so eine Sache: Sie mögen zwar hervorragende Fachleute sein, aber sind sie auch gute Referenten? Viele dieser »Fachleute« machen alle denkbaren Fehler im Vortragen, und die Referate sind vom Inhalt her zwar interessant, aber im gesamten kaum zu ertragen. Es lohnt sich, vorher abzuklären, wie erfahren solche Leute im Präsentieren und Vortragen sind. Sonst riskiert man eine große Blamage. Gute Referenten sind teuer, sie kennen ihren Stellenwert. Ein guter Referent kann eine solche Tagung jedoch zu einem unvergeßlichen Erlebnis machen. Dann lohnt es sich, ein hohes Honorar zu bezahlen.

Abbildung 18: *Beispiel einer Folie in Originalschriftgröße*

In dir muß brennen, was du im anderen entzünden willst.
(Augustinus)

Einfacher in der Durchführung sind Referate und Präsentationen beim Kunden selbst. Falls der Kunde kein geeignetes Lokal für eine solche Präsentation hat, läßt sich leicht ein Saal in einem Restaurant oder Hotel finden. Man kann dann die Präsentationen mit einem Mittagessen kombinieren. Achten Sie auf den Saal, ob er groß genug ist und ob er – entsprechend der Teilnehmerzahl – ideal bestuhlt und eingerichtet werden kann. Sie benötigen einen Overheadprojektor und eine Leinwand, eventuell noch ein Flipchart. Treten Sie mit mindestens zwei oder noch mehr Referenten auf. Damit ist eine professionelle Wirkung eher gewährleistet. Beachten Sie die »Tips für Präsentationen« (Abbildung 19).

Abbildung 19: *Tips für Präsentationen*

Es setzt sich immer mehr durch, daß man mehrere Leute innerhalb einer Unternehmung zu Präsentationen einlädt, um gewisse Informationen zu vermitteln. Diese Form der Information ist populär und auch rationell. Insbesondere die Verkaufspräsentation ist sehr wirkungsvoll.

Eine Präsentation bringt folgende Vorteile:

- Sie können mehrere Personen auf einmal zusammenfassen.
- Der Aufwand, ein Produkt oder eine Dienstleistung vorzustellen, wird reduziert.
- Sie können viel eher die entscheidenden Personen für eine Präsentation gewinnen als für Gespräche oder Konferenzen.

- Sie können Ihr Produkt oder Ihre Dienstleistung viel eindrücklicher vorstellen.
- Sie haben die Möglichkeit, visuelle Hilfsmittel einzusetzen, was eine große Verstärkung in der Wirkung bedeutet.
- Sie können sich mit einer guten Verkaufspräsentation besser gegenüber Ihrer Konkurrenz profilieren.

Eine Präsentation will gut vorbereitet sein. Am besten machen Sie eine Hauptprobe. Rufen Sie einige Leute zusammen, welche Ihre Präsentation anschließend beurteilen.

Zu beachten:

1 Die Dauer einer Präsentation soll mindestens 20, höchstens aber 50 Minuten ausmachen. Wenn Sie länger brauchen, teilen Sie Ihre Präsentation mit einer Pause dazwischen auf.

2 Stellen Sie immer den Referenten vor. Erwähnen Sie seine Herkunft, Ausbildung und Erfahrung. So werten Sie den Referenten auf. Sie brauchen also immer mindestens zwei Personen, einen als Moderator und einen als Referenten.

3 Verdanken Sie immer jede Präsentation. Danken Sie dem Referenten und stellen Sie den nächsten Referenten vor – oder leiten Sie die anschließende Diskussion ein.

4 Bitten Sie die Zuhörer, ihre Fragen zurückzustellen und erst in der anschließenden Diskussion zu stellen. So strukturieren Sie Präsentation und Diskussion. Wenn beides ineinander überfließt, geht die Wirkung verloren.

Übungen

Die meisten, die sich für wenig befähigte Redner halten, fühlen sich nur deshalb ungenügend, weil sie viel zu wenig üben. Obwohl gerade Führungskräfte immer mehr Reden und Vorträge halten und auch am Radio und am Fernsehen vermehrt auftreten müssen, sehen sie die Notwendigkeit nicht ein, sich im Reden zu üben. Es genügt nicht, einmal ein Rhetorikseminar besucht zu haben. Viele besuchen jedes Jahr ein solches Seminar. Das Angebot ist sehr vielfältig, und bei jedem Trainer und Referenten kann man dazulernen. Grundsätzlich unterscheidet man drei Kategorien von Rhetoriktrainern:

Die Jesuiten
Seit langer Zeit haben die Jesuiten die Rhetorik und Dialektik gepflegt und geübt. Trainer aus diesem Lager vermitteln vor allem brillante, geschliffene und logische Argumentation. Auch Schlagfertigkeit kann bei ihnen geübt werden.

Die Schauspieler
Sie vermitteln vor allem Sprech- und Atemtechnik, Intonation und Körpersprache sowie die Kunst der Darstellung.

Die Verkäufer
Gemeint sind erfolgreiche Manager und Verkäufer mit
großer Erfahrung. Sie zeigen, wie man »sich selber gut
verkauft« und das Publikum für sich gewinnt.

Abgesehen von Seminarbesuchen sollten Sie aber auch
noch ganz andere Übungen machen, und zwar so häufig wie nur möglich. Es wird sich positiv auf Ihre berufliche Karriere auswirken. Die folgenden Übungen sind
nicht sehr zeitraubend und relativ attraktiv. Nur derar-
tige Übungen haben eine Chance, konsequent durch-
geführt zu werden. Ich beschränke mich deshalb auf
einige wenige Anregungen, die Ihnen garantiert viel
bringen.

8.1 Singen Sie im Auto

So grotesk Ihnen dies vielleicht erscheint, fangen Sie
doch einmal damit an! Schieben Sie im Auto Ihre
Lieblingskassette ein und summen Sie zuerst einmal
mit. Dann immer lauter. Versuchen Sie, mit viel Atem
laut mitzusingen. Sie brauchen sich nicht zu schä-
men, wenn es nicht ganz so schön tönt, es hört Sie ja
keiner! Wenn Sie regelmäßig im Auto singen, wird sich
Ihre Atemmuskulatur lösen, Ihre Stimme wird sich
festigen, und beides werden Sie sehr positiv vermer-
ken, wenn Sie Ihren nächsten Vortrag halten. Abgesehen davon ist Singen im Auto sehr motivierend, es
hebt Ihre Stimmung.

8.2 Halten Sie zu Hause 1-Minute-Reden

Teilen Sie Ihrer Familie mit, daß Sie heute abend, nach dem Abendessen, eine kurze Rede halten werden, die eine Minute lang dauert. Wählen Sie irgendein Thema. Es ist völlig egal, worüber Sie reden. Nur soll es eine Überzeugungsrede und keine Erzählung sein. Sie können auch über etwas reden, worüber Sie ohnehin mit

"DAS WAR WIRKLICH EINE GUTE REDE VOM PAPS."

Ihrer Familie sprechen wollten. Bereiten Sie dieses
Thema vor. Stehen Sie auf, und halten Sie Ihre kurze
Rede. Aber bitte frei, ohne Manuskript! Ganz wichtig
sind solche Übungen, wenn Sie eingeladen sind, im
Radio oder im Fernsehen aufzutreten. Sie können sich
so auf Ihren Auftritt vorbereiten. Orientieren Sie Ihre
Familie vorher über die Problemstellung und über
die Fragen, die Ihnen gestellt werden. Diskutieren Sie

anschließend mit Ihrer Familie Ihre Rede. Fragen Sie,
wie sie angekommen ist:

* Was hat man verstanden und was nicht?
* Was war gut, und was war weniger gut?
* Was hat noch gefehlt?

Sie können anschließend Ihre Familie einladen, selber
Fragen an Sie zu stellen und Sie »ins Kreuzfeuer« zu
nehmen. Das gibt Ihnen Gelegenheit, Ihre Schlagfertigkeit zu üben.

8.3 Lesen Sie Ihrer Familie etwas vor

Früher hat man das an langen Winterabenden gemacht.
Heute liest der Familienvater vielleicht an Weihnachten
die Weihnachtsgeschichte vor. Und auch das ist aus der
Mode gekommen. Eigentlich schade, denn es bringt
dem Vorlesenden sehr viel. Lesen Sie Ihrer Familie etwas
Aktuelles vor, beispielsweise einen Bericht aus der Zeitung, der Sie interessiert. Es braucht nicht lange zu dauern. Geben Sie sich Mühe, möglichst fehlerfrei vorzule-
sen, deutlich zu sprechen und mit Ihrer Intonation zu
variieren. Das fördert Ihr Sprechvermögen enorm.

8.4 Hören Sie sich gute Redner an

Schauen Sie sich im Fernsehen bewußt immer wieder
Sendungen an, in denen Reden gehalten werden und
wo diskutiert wird. Zeichnen Sie Reden und Diskus-

sionen auf, die Sie vom Inhalt her interessieren. Und schauen Sie sich solche Aufnahmen mehrmals an. Nehmen Sie gute Reden am Radio auf Tonband auf, oder kaufen Sie Tonbänder von guten Rednern. Sie können sich diese Tonbänder im Auto anhören. Ich habe immer eine Auswahl solcher Tonbänder bei mir im Auto. Wenn ich in einem Stau stecke, kann ich wenigstens die Zeit sinnvoll nutzen.

8.5 Machen Sie Hauptproben vor wichtigen Vorträgen

Um ganz sicher zu gehen, müssen Sie bei wichtigen Vorträgen unbedingt eine Hauptprobe machen. Nur so können Sie gewisse Schwachstellen des Inhaltes, der Struktur, einzelner Aussagen und auch Ihrer Vortragsweise feststellen. Nur so können Sie die genaue Zeitdauer Ihres Vortrages messen. Rufen Sie einige Zuhörer zusammen. Es brauchen gar nicht unbedingt Fachleute zu sein. Oft sehen Nichtprofis besser, was schwach, unverständlich und schlecht ist, und oft können sie sehr gute Tips zur Verbesserung geben. Halten Sie einfach mal Ihren Vortrag und fragen Sie anschließend Ihre Zuhörer, wie ihr Eindruck war. Nehmen Sie alle Anregungen und jede Kritik an. Verteidigen Sie sich nicht. Nehmen Sie alles ernst, was über die Wirkung Ihrer Person gesagt wird. Eine Hauptprobe ist eine gute und seltene Gelegenheit, zu objektivem Feedback zu kommen. Seien Sie dankbar für jede Anregung. Schreiben Sie sich alles auf. Fragen Sie die Zuhörer der Generalprobe, was Sie noch weglassen können, was ihrer Meinung nach nicht unbedingt interessant ist. Sie werden auch in dieser Hinsicht wertvolle Hinweise erhalten. Vielleicht werden Sie überrascht sein. Oft bewerten die Zuhörer das, was Sie für wichtig erachten, gar nicht so stark – und umgekehrt. Eine Hauptprobe ist daher zu Ihrer eigenen Sicherheit das Beste, was Sie machen können. Wenn dann der Termin des endgültigen Vortrages näherrückt, werden Sie nicht mehr so stark unter Lampenfieber leiden. Ihr

Unterbewußtsein wird Sie dann mit mehr Sicherheit belohnen. Ich empfehle nicht unbedingt, bei Hauptproben Videoaufnahmen zu machen und diese hinterher anzuschauen. Dies ist sehr zeitraubend. Außerdem erfordert es einen Fachmann, der die Aufnahmen anschließend professionell analysiert. Wenn Sie Videoaufnahmen machen wollen – vielleicht vor ganz wichtigen Auftritten –, empfehle ich eher ein Einzelcoaching mit einem Spezialisten. Das wird zwar sehr teuer sein, aber es zahlt sich aus. Zur Beurteilung Ihres Vortrages an einer Hauptprobe können Sie den Zuhörern ein Beurteilungsblatt austeilen (siehe Abbildung 20). Dieses Blatt hilft den Zuhörern, die einzelnen Kriterien zu beurteilen, die wichtig sind.

Abbildung 20: *Beurteilungsblatt*

Der Redner als Persönlichkeit

• **Ausstrahlung**	☐ Sympathie	☐ Freude
	☐ Engagement	
• **Eröffnung**	☐ kräftig	☐ stark
• **Gesichtsausdruck**	☐ freundlich	☐ offen
• **Augenkontakt**	☐ intensiv	☐ lange genug
• **Pausen**	☐ oft genug	☐ lange genug
• **Haltung**	☐ ruhig	☐ aufrecht
• **Gestik**	☐ natürlich	☐ passend
• **Selbstvertrauen**	☐ Charme	☐ Kraft

Der Inhalt

• **Inhalt**	☐ interessant	☐ zielgruppen-orientiert
• **Aufbau**	☐ logisch	☐ gut strukturiert
• **Argumentation**	☐ überzeugend	☐ zuhörerorientiert
• **Anrede – Eröffnung**	☐ Positiv-Aussage	
• **Rhetorische Elemente**	☐ Rhetorische Fragen	☐ Beispiele
	☐ Ich-Aussagen	☐ Höhepunkte,Gags
• **Zusammenfassung**	☐ Schlußsatz mit Appell	☐ persönliches Bekenntnis

8.6 Eine Atemübung gegen Lampenfieber

Diese Übung habe ich von einer Schauspielerin und Regisseurin gelernt. Schauspieler müssen ihr Lampenfieber soweit reduzieren können, daß es zwar zu Höchstleistungen befähigt, aber noch in einem erträglichen Rahmen bleibt, ohne einen zu lähmen oder zu blockieren.

Es ist eine simple Atemübung. Ich mache sie jeweils kurz vor meinen Auftritten. Das geht ganz diskret. Meistens sitze ich vorne, bevor ich auf die Bühne gehe. Da stört mich niemand.

Die Übung geht so: Atmen Sie tief ein durch die Nase, ziehen Sie die Luft hoch, bis Ihre Lunge ganz gefüllt ist. Beim Einatmen schnuppern Sie. Das Schnuppern hat eine ganz bestimmte Funktion: Es löst das Zwerchfell. Wenn Sie Lampenfieber haben, ist ihr Zwerchfell verspannt. Ein verspanntes Zwerchfell führt zur Kurzatmung, die ihrerseits einen Sauerstoffmangel im Gehirn bewirkt. Das kann bis zu geistigen Ausfallerscheinungen führen. Früher pflegten die Damen häufig in Ohnmacht zu fallen. Das war wegen der Korsetts. Bis oben zugeschnürt waren die Frauen zur Kurzatmung gezwungen.

Also, tief einatmen, dabei schnuppern und die Lunge so stark wie möglich füllen. Dann ausatmen, und zwar durch den Mund, »fallenlassen« und warten. Warten Sie so lange, bis Sie den natürlichen Impuls zum Wiedereinatmen verspüren. Wir atmen ja nicht – zumindest nicht immer – bewußt, sondern »es atmet uns«, sonst würden wir beim Einschlafen aufhören zu atmen. Das wäre fatal!

Es ist ganz phantastisch zu spüren, wie schon nach drei bis vier solchen langen Atemzügen dieser Art Ruhe einkehrt. Sie fühlen sich ruhig und stark, gleichzeitig aber unerhört energiegeladen.

Mit dieser Atemübung stellen Sie sich ruhig und bringen sich gleichzeitig in Hochform. Das Lampenfieber ist zwar noch da, aber es ist ein Vibrieren, das man eher aushält.

Natürliche Rhetorik
in Ihrer Umwelt

9.1 Was hat sich verändert?

Das Umfeld unserer Zuhörer hat sich ganz stark verändert. Dabei hat vor allem das Fernsehzeitalter die Leute wesentlich beeinflußt. Die heute Dreißig- bis Vierzigjährigen sind mit dem Fernsehen regelrecht aufgewachsen.

Sie sind sehr ungeduldige Zuhörer. Für sie sind die immer kurzatmiger und hektischer werdenden Nachrichtensendungen und anderen Features die Normalität. Das Wichtigste muß in den ersten zwanzig Sekunden – oder in noch kürzerer Zeit – gesagt werden. Als wenn die Fernsehsender ständig Angst hätten, der Zuschauer würde sonst abschalten (was auch immer mehr zutrifft!).

Auch die amerikanischen nationalen Fernsehgesellschaften stehen in einem sehr harten Konkurrenz-

kampf. Es ist bekannt, daß sie das Sprachniveau ihrer Nachrichtensendungen in den letzten fünf Jahren vom Verständnisniveau eines Vierzigjährigen auf dasjenige eines Elfjährigen reduziert haben, damit auch ja niemand abschaltet.

Daraus sollten wir lernen. Wendet sich ein Redner an eine größere Zahl von Menschen und vor allem auch an jüngere, beispielsweise am Fernsehen, so muß er versuchen, deren Sprache zu sprechen. Seine Ausdrucksweise muß direkter, kürzer und aufregender werden. Er kann die glaubwürdigsten, besten und klügsten Botschaften vertreten, doch nützt es ihm nichts, wenn er nicht die Kurzform findet, die vom Publikum erwartet wird. Langatmige Ausführlichkeit wirkt umständlich und erzeugt Ablehnung.

Geradezu unabdingbar ist ein sichtbares persönliches Engagement. Jede Einzelheit im Gesichtausdruck muß totale Identifikation und innere Ergriffenheit signalisieren. Eine distanzierte, vornehme Gelassenheit und Überlegenheit, die manche Redner zeigen, reizen jüngere und kritische Zuschauer und Zuhörer aufs äußerste. Für diese Zielgruppe bedeutet eine solche Haltung totale Ignoranz.

Vollkommenes inneres Engagement ist Bedingung. Der Redner muß es schaffen, seinen Adrenalinausstoß so zu steigern, daß damit eine stärkere emotionale Wirkung bei seinen Zuhörern entsteht. Die Leute wollen Redner erleben, die schwitzen und kämpfen und vor Erregung fast umfallen. Ohne Lampenfieber geht es da überhaupt nicht.

**Die Form wird wichtiger
als der Inhalt.
Die Inhalte müssen
einfach und leicht
nachvollziehbar sein.
Sie müssen »in« sein.
Gelassenheit und
Überlegenheit wirken
kontraproduktiv.
Verlangt wird
verzweifeltes,
gestreßtes Verhalten.**

9.2 Das Fernsehen als Lehrer

Was kann man vom Fernsehen lernen? Der kluge Redner tut gut daran, zuerst einmal die Moderatoren im
Fernsehen genau unter die Lupe zu nehmen. Sie wirken zwar oft etwas steif, sprechen aber quasi in einer
offiziellen Funktion. Die meisten Umfragen zeigen: Je
weniger gebildet der Fernsehzuschauer ist, desto mehr
nimmt er die Aussagen der Moderatoren als die offizielle Wahrheit an.
Sie tun gut daran, einen derart offiziösen Text zumindest in Teilen Ihrer Rede zu übernehmen. Die Zuhörer
werden Sie in ihrem Unterbewußtsein mit den Moderatoren vergleichen, die sie vom Bildschirm her kennen. Je mehr Sie sich in der Knappheit Ihrer Aussagen

diesen Moderatoren annähern, desto glaubwürdiger wirken Sie. Auch Kommentatoren, ob im politischen, wirtschaftlichen oder kulturellen Bereich tätig, kann man eine solche Rolle zuschreiben. Sie zeichnen sich durch zwei Leistungen aus:

1   durch eine klare, persönliche Aussage,

2   durch die Eleganz der Aussage.

Nehmen Sie sich vor, ganz klare Aussagen zu machen. Dies ist gerade dann notwendig, wenn die Lage für Sie schwierig ist. Finden Sie selbst keine klare Aussage, dann suchen Sie Hilfe. Lassen Sie sich von Profis helfen, zu klaren Aussagen zu kommen. Bauen Sie diese Aussagen in Ihre Reden ein. Sich elegant auszudrücken ist schon schwieriger, aber nicht unmöglich. Heutzutage kann man sich nicht damit begnügen, einfach »die Wahrheit zu sagen« (oder was man darunter versteht). Das ist dann meist nicht besonders elegant. Es gibt nur selten eine klar definierte Wahrheit. Und Wahrheiten von heute lösen sich oft in Halbwahrheiten oder Unwahrheiten von morgen auf. Eleganz verlangt eine gute Einleitung, einen guten Aufbau, ein Hinleiten zum Höhepunkt, eine nochmalige Steigerung, die Infragestellung von Behauptungen und dann einen – möglichst überraschenden – Schluß. Am Schluß einer eleganten Rede müssen »die Glocken läuten«! Um eine elegante Rede vorzubereiten, braucht man viel mehr Zeit als man normalerweise hat. Die Vorbereitungszeit ist in der Regel zwanzigmal so lang wie der Vortrag selbst. Die amerikanischen Präsidenten beschäftigen Dutzende von Mitarbeitern, um die täglich anfallenden Reden schreiben zu lassen. Was dann der Präsident zu guter Letzt vorträgt, ist das Ergebnis von mehreren hundert Stunden Arbeit, von klugen Leuten aufgewendet, um die richtige Botschaft und die richtige Form zu finden.

9.3 Was erwarten die Mitarbeiter?

Führungskräfte erwarten praktische Hinweise für eine Rede vor Mitarbeiterinnen und Mitarbeitern. Sie finden vieles dazu in den vorangegangenen Kapiteln.

Eines wird häufig vergessen: Sie sprechen in zunehmendem Maße nicht mehr nur vor Festangestellten, sondern vor Teilzeitmitarbeitern und solchen, die von Vermittlungsbüros an Sie vermietet wurden. Die Loyalität der Teilzeitangestellten ist keineswegs die gleiche wie bei langjährigen Mitarbeiterinnen und Mitarbeitern. Was wollen die »Jobber« wissen? Sie haben, außer den kommenden Ferien, keine langfristigen Perspektiven. Sie verlangen »Instant-Leistungen« und »Instant-Erklärungen«. Sie arbeiten auf Stundenbasis und denken auf Stundenbasis. Lange Erklärungen über Unternehmenszielsetzungen gehen an ihnen spurlos vorbei. Denken Sie bei Ihrer nächsten Rede daran, Aufforderungen auch an jene Mitarbeiterinnen und Mitarbeiter einzubauen, die nur kurzzeitig bei Ihnen arbeiten. Schenken Sie allen Ihren Mitarbeiterinnen und Mitarbeitern stets nur reinen Wein ein. Natürlich werden Sie ihnen nie alles sagen können, werden Sie nie alle Unternehmungspläne enthüllen. Trotzdem sind Sie verpflichtet, Ihren Mitarbeitern eine klare Sicht von den Dingen zu geben, die sie auch verstehen. Es gibt in der Schweizer Armee eine klare Führungsregel: »Nur mitteilen, was gewußt werden muß.« Oder anders ausgedrückt: »Besser sowenig wie nötig als soviel wie möglich!« Wie man sieht: Ein guter Redner hat es wirklich schwer. Ganz besonders dann, wenn Veränderungen in der Unternehmung anstehen, die Schwierigkeiten nach sich ziehen. Beispielsweise wenn Entlassungen bevorstehen oder ein Teil der Firma verkauft werden muß. Der größte Fehler eines Redners wäre dann, die Probleme zu bagatellisieren

und die davon betroffenen Menschen vertrösten zu
wollen. So würde früher oder später der Volkszorn
kochen. Sie können dies vermeiden, indem Sie beispielsweise wie folgt einleiten:

»Liebe Mitarbeiterinnen und Mitarbeiter, ich weiß, wie
es um Sie bestellt ist. Sie haben Angst und Sorgen. Ich
auch. Aber wir müssen das Vernünftige und das Richtige tun. Die Lage unseres Unternehmens ist die folgende: ...«

Das nennt man im Schachspiel eine gute Eröffnung.
Sie kommen so besser über die Runden. Zum Schluß
können Sie sagen: »Sie sehen, liebe Mitarbeiterinnen
und Mitarbeiter, daß wir das Menschenmögliche getan
haben, um unsere Unternehmung und die Arbeitsplätze zu retten. Es liegt nun an uns allen, dies auch zu
tun. Ich danke Ihnen.«

Hier hat die Formulierung »Ich danke Ihnen« die tatsächliche Bedeutung des Wortlautes, neben dem Zeichen, daß die Rede zu Ende ist.

9.4 Ihr Umgang mit den Medien

Führungskräfte werden immer mehr von den Medien als Auskunftsstellen befragt und benutzt. Es sind nicht nur die Spitzenmanager, deren Konterfei man immer wieder in den Zeitungen begegnet. Da gibt es inzwischen wahre Profis in puncto Selbstdarstellung. Sie verstehen es, in allen Medien immer wieder zu erscheinen, indem sie sich Dinge einfallen lassen, die manchmal wirklich nichts mehr mit ihrem eigentlichen Job zu tun haben:

* Herr X trägt jetzt einen Bart!
* Was macht Frau Y in Ihrer Freizeit?
* Wie hält sich Herr Direktor ... täglich fit?
* Was hält der Generalmanager Z vom Kochen?

Gewisse obere Führungskräfte und Industrielle sind derart »mediengeil« geworden, daß es schon beinahe krankhaft wirkt. Man kann ihr Foto schon bald nicht mehr sehen. Es sind auch immer wieder die gleichen Köpfe, denen man begegnet. Warum eigentlich? Wenn man sich bei den Journalisten erkundigt, ist es vor allem die ständige Präsenz und Auskunftsbereitschaft zu allem und jedem, das die Leute so beliebt macht. Es ist für die

Journalisten praktisch, einfach das Telefon in die Hand zu nehmen, einen prominenten Manager anzurufen und ihm eine Frage zu stellen, die gerade aktuell ist. »Was halten Sie von der Viertagewoche?« Wer gerade da ist, gibt seine Meinung kund und liest sie anderntags in der Zeitung. Wer gerade auf Geschäftsreise abwesend ist, hat eben Pech gehabt. Und wer sich mit seinen Antworten ziert und sich zu lange überlegt, was er sagen soll, der wird bald nicht mehr angefragt. Aktuell sind Leute, die sofort prägnante, klare und möglichst originelle Aussagen machen. Ob die richtig oder falsch sind, ist eher sekundär. Wenn Sie mit den Medien umgehen wollen, müssen Sie also:

- möglichst immer sofort erreichbar sein.
- möglichst kurze und prägnante Aussagen machen zu irgendwelchen Themen und Problemen.
- einen originellen Stil entwickeln, den Sie durchziehen.

Sie entwickeln für sich ein Image. Entweder sind Sie immer der Kritische. Oder der Sparsame. Oder der Vorausschauende. Oder aber der Ankläger, dann sind Sie besonders populär.

9.5 Wenn etwas Schlimmes passiert ist

Es hat gebrannt oder eine Explosion gegeben. Oder aufgrund eines Unfalls wurde die Umwelt verschmutzt. Oder es ist jemand verletzt oder gar getötet worden.

Jetzt ist Ihre Unternehmung dran. Sie werden überfallen. Man wird Sie anfragen, man will ein Interview mit Ihnen machen. Man lädt Sie zu einer Sendung am Fernsehen ein. Man will sogar zu Ihnen kommen, um Sie zu interviewen und alles auf Band aufzuzeichnen, auf Video oder Tonband. Bevor Sie irgend etwas an die Öffentlichkeit herausgeben, bereiten Sie sich um Gottes willen genau vor. Sie müssen befriedigende und überzeugende Antworten geben können auf die Fragen:

- Wer hat etwas gemacht?
- Was hat er gemacht?
- Wo hat er es gemacht?
- Wann hat er es gemacht?
- Warum hat er es gemacht?
- Wie hat er es gemacht?

Wenn Sie auf diese Fragen eher ausweichen, wird man Ihnen das Schlimmstmögliche unterstellen. Sie müssen aber auch mit ganz anderen Fragen rechnen:

- Warum haben Sie keine Vorsichtsmaßnahmen getroffen?
- Ist Ihre Unternehmung blind gegenüber solchen Gefahren?
- Was sind die Konsequenzen für Ihre Unternehmung?
- Wie viele Arbeitsplätze sind gefährdet?
- Was bedeutet das für die Region?
- Wieweit ist die Umwelt betroffen?

9.6 Die bösen Journalisten

Es gibt natürlich in allen Berufskategorien ausgesprochene Schlitzohren, auch bei den Journalisten. Für sie ist der Verriß die berufliche Krönung. Zulieferer gibt es genug. Da sind die rivalisierenden Mitglieder der Geschäftsleitung, die den Journalisten etwas stecken oder – feiner – über Dritte stecken lassen. Lecks gibt es überall. Da ist der Unternehmungsberater, der sich profilieren will, indem er Internes über seinen Mandanten ausplaudert, um sich als Retter darzustellen. Da sind Mitarbeiter, im Streit gegangen, die nur angezapft werden müssen, um ausgiebig negativ über ihren letzten Arbeitgeber zu informieren. Da sind Ihre Konkurrenten, die gerne über Flops Ihrer Unternehmung berichten. Der seriöse Journalist bedient sich all dieser Quellen, aber er prüft nach und recherchiert auch die Absicht des Informanten. Und dann erst schreibt er oder er schreibt nicht. Bei vielen wird aber die Meldung nicht kaputtrecherchiert. Sie wissen, daß Berichtigungen und Dementis nichts bringen. Der Schaden ist angerichtet und meist irreparabel. Prozesse dauern lange und bringen wenig. Bedenken Sie, daß Journalisten heutzutage unter einem unheimlichen Druck stehen. Sie sind Angestellte von Zeitungen oder anderen Medienunternehmungen, die ebenso einen Gewinn machen müssen wie jede andere Unternehmung. Große Zeitungen mit eigenen Wirtschaftsredaktionen, Wochenzeitungen, Magazine, Radio und Fernsehen stehen in hartem, unerbittlichem Konkurrenzkampf. Die Journalisten brauchen aufregende, sensationelle

Storys. Sie achten dabei weniger auf Moral als auf krib-
belnde, schmackhafte und vor allem negative Meldun-
gen. Wer die Meldung zuerst bringt, ist König. So gesehen, sind Journalisten ganz einfach davon abhängig,
wie schnell und wie interessant, massiv und sensatio-
nell sie einen Bericht abfassen können, der von den
Konsumenten genüßlich konsumiert wird. Kein Manager, der gewinnorientiert denkt, würde eine »Bild-Zei-
tung« oder den »Blick« anders führen!

9.7 Wie Sie sich schützen

Sich abkapseln bringt nichts. Im Gegenteil: Man wird
mißtrauisch:»Was hat der zu verbergen?« Wenn Sie zu
einem Interview eingeladen werden, dann nehmen Sie

im Notfall immer ein Tonbandgerät mit. Fragen Sie aber, ob dies gestattet ist. Zeichnen Sie das Interview selbst auf. Verlangen Sie, daß man Ihnen das Manuskript oder Ihre Aussagen zeigt, bevor sie in Druck gehen. Je besser Sie sich vorbereiten und je intensiver und dauerhafter Sie kommunizieren, um so weniger brauchen Sie solche Krücken. Ein selbstbewußter Manager sollte nach Möglichkeit darauf verzichten. Bereiten Sie einige wichtige Hauptaussagen vor, die Sie auf alle Fälle bringen werden. Diese Aussagen müssen Sie sorgfältig ausformulieren, eventuell durch Profis formulieren lassen. Wenn Ihnen Fragen gestellt werden, beantworten Sie zuerst kurz die Frage und hängen sofort eine der vorbereiteten Hauptaussagen dran. Das geht immer. Bei Fernsehaufnahmen sind wo möglich Livesendungen vorzuziehen. Bei Aufzeichnungen kann man alles herausschneiden, was man will. Dabei wird oft bewußt alles Positive weggelassen und nur Negatives gesendet. Außerdem werden durch Wegschneiden Sinnveränderungen erzeugt. Bei Fernsehdiskussionen müssen Sie um Ihr Wort kämpfen. Reden Sie so lange wie möglich.

Lassen Sie sich durch niemanden unterbrechen, auch nicht durch den Moderator. Ergreifen Sie sofort und lautstark das Wort, sobald jemand etwas Negatives gegen Sie sagt. Bewahren Sie die Fassung, was auch immer geschieht. Lassen Sie sich durch niemanden provozieren, auch wenn man es mehrmals versucht. Bleiben Sie freundlich. Bei Radio- und Fernsehinterviews ist Ihre Souveränität als Redner entscheidend. Ihre ganze Erfahrung, die Sie als Vortragender und

Referent gemacht haben, kommt Ihnen jetzt zugute. Sie gewinnen ausschließlich durch Ihre Persönlichkeit, erst dann durch die guten Argumente.

9.8 Pflegen Sie gute Beziehungen zu den Medien

Es ist wie im Verkauf: Die guten Beziehungen zu den Kunden bringen Aufträge! Gute Beziehungen zu Journalisten helfen in jedem Fall. Betrachten Sie die Journalisten als Ihre Partner, nicht als Ihre Feinde. Hüten Sie sich davor, öffentlich über Journalisten zu schimpfen! Man wird Ihnen das bitter heimzahlen! Laden Sie ab und zu einen wichtigen Journalisten zum Mittagessen ein. Sie werden immer interessante Gespräche führen und viele Informationen erhalten. Wenn dann mal etwas Konkretes anfällt, kennt man sich bereits. Das ist ein unschätzbarer Vorteil. Sie können dann erwarten, daß man Sie einigermaßen schont. Betrachten Sie Journalisten als ebenbürtige Partner und nicht von oben herab, nur weil sie keinen Direktorentitel tragen. Journalisten sind meist unabhängige Leute, die alles tun, um eine tolle Geschichte zu bekommen. Sie riskieren dabei manchmal auch ihren Job. Die Regional- und Tagespresse ist relativ besser zu bearbeiten als die spezialisierte Wirtschaftspresse. Ihre Redaktionen sind heute meist unterbesetzt. Man ist dauernd in Zeitnot und kann bei der herrschenden Informationsflut deshalb nicht alles ausführlich recherchieren. Sie können die Presse in Ihrer Region eher positiv beeinflussen. Seien Sie geduldig mit den Journalisten. Glauben Sie gar keine ihrer Versprechen. Auch wenn man Ihnen die schönsten Beiträge zusagt: Seien Sie nicht enttäuscht, wenn Sie dann nichts in der Zeitung lesen! Denken Sie daran, der Journalist entscheidet nicht allein. Oft werden Beiträge von der Chefredaktion gestrichen, ganz einfach, weil etwas Aktuelleres angefallen ist und man keinen Platz mehr für Ihr Thema hat. Es ist dann ganz einfach gestorben, oft für immer. Machen Sie niemals einem Journalisten einen Vorwurf, wenn er einen Beitrag über Sie nicht gebracht hat oder wenn dieser beträchtlich gekürzt wurde. Das ist nämlich kaum jemals sein eigener Fehler, sondern man hat es über seinen Kopf hinweg angeordnet, und er ist genauso enttäuscht wie Sie! Pflegen Sie Journalisten so wie Ihre guten Kunden. Der Aufbau langjähriger guter Beziehungen zu den Medien ist die Vorsorge für schlechte Zeiten und eine Hilfe für Ihre Karriere!

9.9 Blick in die Zukunft

Haben Sie den Mut, ein guter Redner zu werden. Haben Sie vor allem den Mut, zu sich selber zu stehen. Sie müssen unbedingt die Person bleiben, die Sie sind. Ihr natürliches Auftreten ist Vorbedingung.
Erst wenn Ihre Angehörigen nach einem Fernseh- oder Radioauftritt sagen: »Du warst ganz natürlich, so wie immer!«, haben Sie die optimale Wirkung erreicht. Sie können niemals andere kopieren. Sie müssen sich selber treu bleiben.

Ein guter Redner ist immer ganz er selbst. Er bleibt sich selbst treu. Er steht zu seinen Gefühlen. Er zeigt diese Gefühle und spricht sie auch aus. Ob vor dem Rednerpult, vor dem Mikrofon im Radiostudio oder vor der Fernsehkamera. Er ist authentisch.

Aber auch die Inhalte sind wichtig. Ein guter Redner hat anderen etwas zu sagen. Sie müssen immer, wenn Sie reden wollen, eine eigene Meinung haben. Auch wenn Ihre Meinung noch so umstritten ist. Das ist sogar besser. Es fördert Ihre Originalität.

Wer kann sich schon eine eigene Meinung leisten? – Wer steht schon zu sich selbst und zu seinen eigenen Gefühlen? – Wer zeigt schon seine eigenen Gefühle und spricht sie auch aus? Gute Redner können Sie heute noch mit der Lupe suchen. Gerade deshalb ist es eine große Chance für Sie, ein guter Redner zu werden. Wir brauchen gute Redner, die uns vernünftig und intelligent informieren, leiten und führen.

Es lebe die gute, natürliche Rhetorik!

Literaturhinweise

Duden:	Reden gut und richtig halten, Mannheim 1994
Holzheu, Harry:	Ehrlich überzeugen, Düsseldorf, 2. Aufl. 1997
Holzheu, Harry:	Wer nicht lächeln kann, macht kein Geschäft – Emotional Selling, Wien 1998
Höhler, Gertrud:	Spielregeln für Sieger, Düsseldorf 1992
Murphy, Joseph:	Die Macht des Unterbewußtseins, Genf 1990
Peale, Norman:	Die Kraft positiven Denkens, Zürich 1991

Peter H. Ditko · Norbert Q. Engelen

In Bildern reden

Die neue Redekunst aus Ditkos Schule

288 Seiten, gebunden mit Schutzumschlag

Bonn redet nach seinem Munde:
Tausende von Politikern, Wirtschaftlern und Lobbyisten sind
bereits durch die Rednerschule des Peter H. Ditko gegangen.
Gerade Newcomer auf dem politischen Parkett haben die
Chance genutzt, sich an der »Bonner Rednerschule« den
letzten Schliff für Diskussion und Vortrag zu holen. In Bonn ist
Ditko eine Institution wie das Wasserwerk oder gewisse
Kneipen, in denen man sich trifft, um anstehende Entschei-
dungen vorab zu fällen. Was sind seine Tricks? Durch die
Aktivierung von Bildern im Gehirn des Zuhörers gelangen die
durch diese Schule gegangenen Redner zu mehrdimensionalem
Denken. Eine darstellende Rhetorik ist also gefragt, nicht das
Entschweben in abstrakte Wolken. Das Ganze wird
»bröckchenweise« nachvollziehbar, Schritt für Schritt dem
Leser deutlich, durch zahlreiche Grafiken zudem optisch
anschaulich dargeboten. Individuelle Schwächen und
Blockaden werden gezielt abgebaut, effektive Formen der
Überzeugung eingeübt und notwendige Kommunikations-
techniken durchgespielt. Ihr nächster öffentlicher Auftritt
kann so bereits zu einem ganz persönlichen Erfolgserlebnis
werden. Wenn es so etwas wie eine »offizielle« Bonner Rednerschule gibt: Hier ist sie!

Heinz Goldmann

Erfolg durch Kommunikation

Die 12 goldenen Regeln für Könner

256 Seiten, gebunden mit Schutzumschlag

Kommunikation bildet die Basis des heutigen Lebens. Speziell im Management verwenden Führungskräfte auf Verhandlungs- und Redeaufgaben 70 Prozent ihrer Zeit. Doch wer erfolgreich überzeugen will, muß die Gesetze effektiven Kommunizierens beherrschen, denn die Zeiten, in denen man mit althergebrachten Floskeln seine Zuhörer beeindrucken mußte, sind endgültig vorüber.

Der bekannte Kommunikationsexperte Heinz Goldmann schult seit vielen Jahren die Manager führender internationaler Unternehmen. Dieses Buch bietet nun einen Extrakt seiner langjährigen Erfahrungen. Mit 12 goldenen Regeln für alle, die ihre kommunikativen Fähigkeiten perfektionieren möchten, leitet Goldmann dazu an, jegliche Form von öffentlichem Diskurs souverän zu meistern. Wer Menschen überzeugen will, darf sich nicht länger hinter seinem Rednerpult verstecken. Weniger der Inhalt, vielmehr die Verpackung einer Rede ist für ihre Überzeugungskraft entscheidend.

Praktische Tips, Prüflisten, Merksätze und der klar gegliederte Aufbau machen das Buch zu einem Trainingsprogramm für jeden, der in Zukunft seine Zuhörer für sich gewinnen will.